Schierz / Vallenthin
LowFett 30 – das Italien-Kochbuch

Die Autorinnen

Gabi Vallenthin (rechts) wurde 1959 geboren und wuchs in Bayern auf. Nach dem Abitur folgten Ausbildungen zur Handelsfachwirtin, Kommunikationsfachwirtin und Kommunikationswirtin. Sie arbeitete in verschiedenen Werbeagenturen und in den Werbeabteilungen namhafter Finanzdienstleistungsunternehmen und war dort zuständig für Konzeption und Text. Angeregt durch einen Roman, in dem speziell fettarme Ernährung thematisiert wurde, nahm die seit ihrer Kindheit übergewichtige Kreative über 20 kg ab. So wurde die Idee zu LowFett 30 geboren.

Gabi Schierz (links) kam 1960 auf die Welt und wuchs in Hessen auf. Sie studierte Ernährungswissenschaften in Gießen und schloss 1984 mit dem Diplom ab. Danach war sie lange Zeit in der Lebensmittelindustrie als Produktmanagerin unter anderem für die Marken Löwensenf und Appel tätig. 1997 lernte sie Gabi Vallenthin kennen und startete mit ihr gemeinsam das LowFett 30-Ernährungskonzept. Gabi Schierz ist verheiratet und hat zwei fast erwachsene Söhne.

Gemeinsam schrieben die beiden über 50 Bücher zu LowFett 30, die auch in sechs weitere europäische Sprachen übersetzt wurden.

LowFett 30

Die Idee zu diesem Ernährungskonzept wurde 1997 geboren. Das Konzept wurde schon mehrere Male von Stiftung Warentest und Ökotest ausgezeichnet und konnte sich zu einem über Deutschland hinaus bekannten Ernährungskonzept etablieren. Es gibt mittlerweile verschiedene Online-Kurse, um das LowFett 30-Konzept zu vermitteln, von denen einige von Krankenkassen als Präventionsmaßnahme anerkannt und entsprechend erstattet werden.

Weitere Informationen zu den Autorinnen, dem Unternehmen und den Kursen finden Sie unter www.lowfett.de.

Gabi Schierz
Gabi Vallenthin

LowFett 30
Das Italien-Kochbuch

Schlemmen wie im Süden – 90 garantiert fettarme Klassiker

Zu diesem Buch

Was wären wir ohne die italienische Küche? Wie arm wäre unsere kulinarische Welt in Deutschland ohne kleine italienische Restaurants, ohne Pizza und Pasta, und diese leichten Fisch- und Fleischgerichte, die im Handumdrehen zubereitet sind. Auch italienische Salate haben das gewisse Etwas und bereichern unseren Speiseplan.

Keine andere Küche hat auf unsere Geschmacksknospen so viel Einfluss genommen wie die italienische, und es gibt wenige Lebensmittel, die in so vielen deutschen Haushalten so unisono vertreten sind wie Dosentomaten, Nudeln und Tiefkühlpizza.

Die deutsche Küche ist für Berufstätige zu langwierig, um abends schnell mal satt zu werden. Ein guter Job verträgt sich eben schlecht mit langen Schmor- und Bratzeiten oder aufwendigen Vorbereitungen … man denke nur an unsere verschiedenen Rouladenvarianten oder Eintöpfe …

Und die Einfachheit der Zubereitung und die Konzentration auf nur wenige Zutaten haben der schnellen italienischen Küche weitere Fans eingebracht.

Wir schätzen an der italienischen Küche aber auch die große Variationsfähigkeit. Hat man einmal einen Grundstock an Lebensmitteln, also Reis, Nudeln, Dosentomaten und diese oder jene Gemüsesorte, dann kann man immer ein frisches Gericht zaubern. Noch ein bisschen Oregano und Knoblauch dazu, schon ist gekocht. Da kann einen doch auch so schnell nichts mehr erschüttern: Mit diesen Vorräten gelingt es uns, die Fußballfreunde unserer Kinder mal eben mit zu versorgen – oder unsere eigenen Freunde, die unangemeldet hereinschneien und richtig Hunger haben.

Auch italienisch angehauchte Salate schmecken besser: Mal geben wir große Kapern hinzu, ein anderes Mal hobeln wir etwas Parmesan darüber und einen Tag später toppen wir unsere Salatschüssel mit gebratenen Pilzen oder Gemüse – oder kurz gebratenen

Thunfischwürfeln. Die Leichtigkeit bei der Zubereitung, die wir mit ein bisschen Üben schnell erreichen können, lässt unsere Freunde staunen – und unsere Feindinnen neidisch werden.

Wenn Sie bei der Zubereitung von italienischen Gerichten bloß die Ölflasche und die Parmesandose sparsam zur Hand nehmen und fettarme Fleischsorten wählen, dann sind Sie schon mittendrin in der LowFett 30-Küche: Viel Gemüse, fettarmes Fleisch, mehr Fisch als gewöhnlich, (am besten komplexe!) Kohlenhydrate und knackig-kurze Garzeiten sind die Basis – und die vielfältigen Gewürze und Spezialitäten sorgen für das richtige Italien-Feeling: Thymian, Rosmarin, Oregano, glatte Petersilie, Zitrone und Kapern, Sardellen, Ricotta, Oliven, Pepperoni … wer gerne kocht, gerät automatisch ins Schwärmen.

Wir wünschen Ihnen gutes Gelingen und buon appetito,

Ihre
Gabi Schierz und Gabi Vallenthin

LowFett 30 italienisch:
So funktioniert es

Die italienische Küche ist lecker und
abwechslungsreich und viele typische Zutaten
wie Tomaten, Zucchini, Spaghetti, Ciabatta sind
ohnehin LowFett 30; die fettreichen Zutaten
lassen sich leicht ersetzen: Statt Mascarpone
nehmen wir Quark, statt Sahne Joghurt oder
Milch, statt Salami Putenbrustscheiben.

Wir lieben Pizza, Pasta und Dolce

Seit Ende der 1950er Jahre und mit den ersten Urlaubsströmen der Deutschen an Italiens Strände halten italienische Gerichte in unseren Restaurants und auch in unseren Küchen Einzug. So intensiv, dass sie bereits viele Gerichte unserer eigenen traditionell deutschen Küche verdrängt haben. Gibt es auch ein Darwin'sches Prinzip an Herd und Kochtopf?

Was macht die italienische Küche eigentlich so beliebt? Mit Sicherheit ist der Geschmack ein ganz wesentlicher Punkt. Italienisches Essen schmeckt einfach super. Dazu kommt noch ein ganz praktischer Aspekt: Von ganz, ganz wenigen Ausnahmen abgesehen ist die italienische Küche nicht nur lecker, sondern auch deutlich schneller zuzubereiten als unsere eigene:

Während die klassische Rinderroulade erst einmal eine ganze Portion Arbeitswillen voraussetzt, um Zwiebeln, Gurken- und Schinkenwürfel herzustellen, diese Mischung dann mit Senf und Salz und Pfeffer in eine Roulade zu füllen, um diese dann mit allen Tricks und Kniffs zu wickeln, brauchen Rouladen dann anschließend auch noch 1,5 Stunden, bis sie weich sind. Nudeln schaffen es, uns in 15 Minuten satt zu machen. Schnelligkeit ist also auf jeden Fall ein Punkt.

Hinzu kommt, dass manche Gerichte wirklich »hip« geworden sind. Der

»Insalata Caprese« ist seit rund 30 Jahren fester Bestandteil von Partys und Grillabenden. Und wenn anfangs noch böse Zungen gelästert haben, dass Mozzarella eigentlich Gummibärchen mit Käsegeschmack seien, hat der Mozzarella heute einen festen Platz im Kühlschrank. Pardon: »Insalata Caprese« sagt Ihnen gerade nichts? Das sind Tomaten mit Mozzarella und Basilikum.

Und das Tira mi su? Wer was auf sich hält, zaubert als Dessert ein Tiramisu. Und weil wir zufällig auch noch das beste Rezept für Tiramisu besitzen, haben wir es unserem Kapitel »Dolce« mit zugefügt obwohl es leider, leider, leider nicht LowFett 30 ist. Natürlich haben wir dazu Varianten … aber ein Original-Tiramisu ist eben in fettarm nicht zu kriegen. Wenn Sie davon ein Stück essen, sollten Sie zum Ausgleich eine Stunde Sport machen.

Die Liste lässt sich beliebig verlängern: Parmaschinken mit Melone, Spaghetti mit Tomatensauce oder Bolognese,

Lasagne, Tortellini und Ravioli, Panna Cotta … und: Pizza. Pizza rauf und runter. Alles Lieblinge der italienischen Küche und uns aufs Herzlichste vertraut. Bei den Grundzutaten das Gleiche: Spaghetti, Parmesan, Tomatenstückchen, -sugo und -mark, Olivenöl, Oliven, südliches Gemüse und Parmaschinken, Mozzarella-Käse. Alles in jedem Supermarkt zu jeder Zeit zu bekommen – und auch in jedem Vorratsschrank zu finden.

Die kleinen Tücken

Wir sagten ja schon: Die italienische Küche ist schnell gekocht. Und sie ist lecker. Sehr sogar. Doch Käse und Olivenöl, Salami und Sahne enthalten zu viel Fett, als dass wir mit germanischem Appetit hemmungslos zuschlagen könnten. In den richtigen »Proportionen« von Fett, Eiweiß und Kohlenhydraten aber steht uns (fast) die ganze Welt von Italiens Genüssen offen. Dazu legen wir – wie bei allen unseren LowFett 30-Rezepten – folgende Formel zugrunde:

$$\frac{\text{Gramm Fett} \times 9 \text{ kcal} \times 100}{\text{Gesamtkalorien}} =$$

% kcal aus Fett.

Der %-Wert der kcal aus Fett soll maximal 30,00 sein. Das ist eine von 10 Empfehlungen der Deutschen DGE zum Thema Ernährung: Maximal 30% des Brennwerts der Nahrung sollen aus Fett kommen. Das ist nicht zu verwechseln mit 30% Fett absolut, eine Angabe, die Sie sicher vom Käse her kennen, denn solche Auslobungen beziehen sich auf den absoluten Fettanteil – nicht auf den Brennwert, also die Gesamtkalorien.

Unsere Brennstoffe

Vergleichen wir unseren Körper einfach einmal mit einem Auto: Der Körper benötigt Brennstoff in Form von verschiedenen Nährstoffen, um zu laufen, Leistung zu bringen und sich selbst zu warten und selbst zu reparieren. Damit funktioniert er eindeutig besser als ein Auto! Diese Nährstoffe bezieht unser Organismus ausschließlich aus der Nahrung, also aus Essen und aus Getränken. Die Nährstoffe heißen: Fett, Kohlenhydrate und Eiweiß. Hinzu kommen Vitamine und Spurenelemente plus Wasser.

Tanken Sie Benzin, das für Ihren Körper schlecht ist, weil Ihre Nahrung zu viel, zu fett oder schlichtweg das Falsche war, dann beschwert sich Ihr Körper: Sie sind müde, antriebslos, »erschlagen«, Ihnen ist vielleicht sogar schlecht oder Sie bekommen eine Allergie. Vielleicht müssen Sie sich auch übergeben. Auf Dauer aber kämpfen Sie so mit den Pfunden – und Ihr Immunsystem wird immer schlechter.

Tanken Sie dagegen »Benzin« in der für Sie richtigen Mischung, dann sind Sie gut drauf, fühlen sich locker, leicht und entspannt, sind natürlich schlank, voller Energie und Optimismus. Haut, Haare und Fingernägel sind gesund und widerstandsfähig und Sie werden auch nicht so schnell krank. Selbst, wenn Sie sich mal verletzen, heilen die Wunden schnell und ohne Komplikationen ab. Ein Prachtkerl dank Chappi … was früher für die werbewirksame Präsentation von Hundefutter galt, gilt auch für uns: Gutes Essen macht ein glänzendes Fell!

Da aber eine kurze Phase von Super-Benzin keinen Motor ewig laufen lässt, sind wir strikt gegen kurzfristige Diäten. Kurzfristige Diäten sorgen dafür, dass Sie alle mühsam abgekämpften Pfunde in Rekordzeit wieder auf den Rippen haben. Auch einseitige Diäten

sind nicht sinnvoll, wie z.B. der dauerhafte Verzicht auf Kohlenhydrate. Derartige Diäten haben zur Folge, dass die Organe, die – um bei dem Beispiel zu bleiben – für die Verdauung von Kohlenhydraten zuständig sind, ihre Aufgabe verlieren – und, wenn Sie Pech haben, ihre Tätigkeit irgendwann einmal komplett einstellen (»Use it or lose it-Prinzip … also «benutze es, oder es ist weg") – und dass dafür andere Organe mehr als für sie vorgesehen belastet werden. Unsere Nieren sind nicht darauf ausgelegt, dass wir uns über Jahre hinweg fast nur von Eiweiß und Fett ernähren. Tatsächlich warnt die Deutsche Diabetes Gesellschaft bereits vor zu einseitigem Eiweißkonsum, da Menschen, die längere Zeit überwiegend tierisches Eiweiß verzehren, signifikant häufiger an Diabetes II erkranken.

essen, Hauptsache sie haben kein Fett. Ne, ne, so einfach ist es nicht! Dafür dürfen Sie so viel Gemüse essen wie Sie mögen … und dazu zwei großzügige Portionen Obst am Tag. Und das ergänzen Sie um hochwertige Eiweißlieferanten.

Wir benötigen Eiweiß … am besten aus tierischen und aus pflanzlichen Quellen. Denn Eiweiße, die Aminosäuren, sind unser Baukasten, aus dem der Körper alle Zellen herstellt und unseren Körper laufend erneuert und repariert.

Zu guter Letzt benötigen wir Fette in angepassten, heißt: in geringen Mengen. Unsere Nahrung geht uns ja nicht aus … wir haben keine Hungerzeiten zu erwarten … die Supermärkte sind voll. Es ist deshalb nicht erforderlich, größere Energiereserven in Form von vielen Fettpolstern anzulegen. Denn all das Nahrungsfett, das wir nicht sofort verbrauchen, kann auf direktem Wege in den Fettdepots gespeichert werden. Es ist, als ob der Körper jeden Tag »Kasse« machen würde: Überschüsse kommen sofort auf sein Sparkonto … auf Ihren Hosenbund, Ihre Oberschenkel und Ihren Bauch.

Kleine Pölsterchen sind dagegen gut und gesund. Eine Untersuchung in den USA, die 2007 veröffentlicht wurde, zeigte auf, dass Menschen mit einem leicht erhöhten BMI von 25 bis 28 eine deutlich höhere Lebenserwartung haben. Was nicht verwunderlich ist, wenn man mal kurz darüber nachdenkt: Krankheiten wie z.B. eine Lungenentzündung zehren sehr am Körper.

Die Nährstoffe richtig zusammensetzen

Der Mensch ist ein »Allesfresser« … er hat »Reißzähne« – was ihn als Jäger klassifiziert, und er hat »Mahlzähne«, die ihn in die Lage versetzen, Getreide, Obst, Gemüse und Nüsse zu essen. Seit Tausenden von Jahren hat sich unser gesamter Organismus auf diesen Mix ausgerichtet. Wir brauchen deshalb eine ausreichende Menge an Kohlenhydraten – diese aber in einer für unseren Körper stressfrei verwertbaren Version. Runtergebrochen auf die Auswahl von Lebensmitteln bedeutet das,

dass Sie Vollkornprodukte wie z.B. Vollkornbrot, Vollkornnudeln und Vollkornreis bedenkenlos essen können. Getränke sollten komplett frei von Zucker sein. Ein, zwei Tassen Kaffee oder Tee mit Zucker oder Honig sind noch okay, aber eine Liter-Flasche Cola ist es nicht mehr. Zu viele Zuckermoleküle auf einen Schlag und damit zu viel Stress für unsere Bauchspeicheldrüse.

LowFett 30 ist auch kein Freifahrtschein, Unmengen an Süßigkeiten zu

Wer in solchen Situationen dann nichts »zuzusetzen« hat, erholt sich weit schwerer als jemand, der einfach 8 kg einbüßt, aber dann noch genügend Energie hat, um wieder auf die Beine zu kommen.

Auch bei strengsten Hoffnungen und Forderungen an die eigene »Schönheit« sollte wir deshalb einen Körperfettanteil von 20 % nicht unterschreiten, da Fett unsere Organe schützend einbettet und wir ein paar Kilogramm »Reserven« wirklich gut brauchen können, wenn wir mal an etwas mehr erkranken als nur an einem Schnupfen.

Jeder Nährstoff hat seinen Nutzen und seinen Wert – und wenn sich die Nährstoffe auch in natürlicher Balance zueinander befinden, machen Sie alles richtig.

Tatsächlich haben in unserer Ernährung Kohlenhydrate und Fette die Plätze getauscht. Schuld daran sind unsere Geschmacksnerven, die seit Jahrzehnten auf Sahniges, Cremiges und »Schmatziges« getrimmt werden. Und überall sind die Verführer zu haben: Bratwurst am Baumarkt, gegrilltes Huhn am Supermarkt, Pommes an der Imbissbude und Pizza vom Lieferservice … dazu der 4er-Pack Sahnejogurt und die Chips aus dem Supermarkt. Wer dagegen sein Gemüse so richtig lieb hat, hat auch deutlich weniger Probleme mit der Gesundheit: Gemüse ist voller wertvoller Vitamine, Ballaststoffe und sekundärer Pflanzenstoffe.

LowFett 30 einkaufen und kochen

Bei jedem Lebensmittel mit einer Nährwertangabe können Sie die Werte von Fett und Gesamtkalorien in die obige Formel eingeben. Ist ein Grundprodukt nicht LowFett 30 – also ein Vertreter aus den Gattungen Käse, Butter, Öl, Schmand, Sahne, Salami oder fettes Fleisch – ist exaktes Bemessen erforderlich.

In der Praxis erleichtern Sie sich die Umsetzung enorm, wenn Sie schon beim Einkauf darauf achten, möglichst viele Produkte des täglichen Bedarfs wie Joghurt, Milch, Schinken und Fleisch nach dem LowFett 30-Prinzip einzukaufen. Denn LowFett 30-Produkte können Sie beliebig miteinander kombinieren. Das Ergebnis wird immer unter 30 % der kcal aus Fett sein.

Wenn Sie nur LowFett 30-Produkte zuhause haben, von den Grundlebensmitteln bis hin zu Fertiggerichten und all den Leckerchen, die man schon mal einkauft, können Sie praktisch nichts mehr falsch machen. Sie achten in diesen Fällen nur noch auf Ihr Gefühl von »Hunger« und »satt«.

Bei Rezepten, in denen wir fette Zutaten verwenden, sind diese ganz genau abgewogen und austariert: Wir kochen und backen natürlich auch mit Butter, Schmand, Sahne oder Käse. Doch wir

▶ **Die optimale Nährstoffzusammensetzung: max. 30 % Fett, 55 % Kohlenhydrate, 15 % Eiweiß.**

setzen die Fettlieferanten im Verhältnis zu Kohlenhydrat- und Eiweißlieferanten einfach sparsamer ein.

Eine einfache Faustregel ist: Pro 100 g Kohlenhydrate im Rohzustand können Sie rund 14 g Fett zugeben. Dann ist der Mix immer noch LowFett 30. Sie können also 100 g Nudeln bzw. Reis kochen und in 14 g Butter anbraten. Salz dazu, Gemüse, Kräuter … diese Gemüsepfanne wird LowFett 30 sein. Geben Sie dann noch fettarmen Schinken dazu, ist immer noch alles im grünen Bereich. – Doch nur einige wenige Scheibchen Salami (die niemals LowFett 30 sind) würden Ihnen die gesamte Bilanz verhageln.

Bei Produkten, die in Verbindung mit Wasser auftreten wie zum Beispiel Käse, dürfen Sie natürlich mehr Gramm nehmen, denn der Käse enthält ja nicht nur Fett, sondern auch noch Eiweiß und natürlich Wasser. Die Weichheit beim Käse kommt zum einen vom Fettgehalt, zum anderen von seinem Wasseranteil.

Ricotta-Käse hat zwischen 14 und 18 % Fett absolut (nicht in Trockenmasse!) pro 100 g … das heißt: bei 100 g Nudeln dürften Sie 100 g eines 14 %-Ricottas zugeben. Bei einem 18 %igen eben entsprechend weniger. Parmesankäse dagegen, dessen Feuchtigkeitsanteil sehr gering ist, hat bereits 26 g Fett pro 100 g. Was bedeutet: Bei 50 g Parmesan ist allerspätestens Schluss. Der weiche Mascarpone-Käse aber mit einem 80 %igen Fettanteil schießt den Vogel ab: Er besteht zu 45 % (absolut) aus Fett. Ein ordentlicher Löffel davon würde reichen, um ein LowFett 30-Essen zunichtezumachen. Deswegen noch einmal: Beim Tiramisu direkt die Sporteinheit mit einplanen!

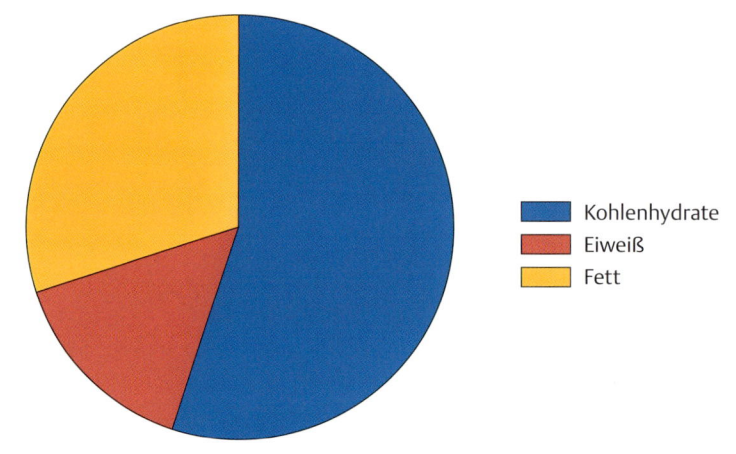

Kohlenhydrate
Eiweiß
Fett

Auch wertvolle Fette sind fett

Sie haben sicher schon den Begriff »essenzielle Fette« gehört oder auch »gute Fette«. Damit sind alle pflanzlichen, kalt gepressten Fette gemeint wie natives Olivenöl, Nüsse, Sämereien und auch Fett von Seefisch. Sie liefern ein breites Spektrum an einfach und mehrfach ungesättigten Fettsäuren sowie Omega-3- und Omega-6-Fettsäuren, die unser Körper für seine verschiedenen Stoffwechselvorgänge zwingend benötigt. Allerdings benötigt er nur sehr kleine Mengen. Ein Löffelchen hier und eins da … das reicht. Widerstehen Sie der Versuchung, nach dem Motto »viel hilft viel« richtig viel »gutes Fett« ans Essen zu geben: Auch essenzielle Fette haben 9 kcal/g und machen dick, wenn man zu viel davon isst.

In unseren Ernährungsplänen, die wir zum Beispiel in unseren Online-Programmen einsetzen, berücksichtigen wir stets pro 500 kcal Grundumsatz rund 50 kcal in Form von essenziellen Fetten: 50 kcal entsprechen einem Mokkalöffel Öl, ein paar Mandeln oder Nüssen oder 50 g fettem Seefisch. Das können Sie selbst auch ganz leicht umsetzen, wenn Sie gelegentlich ein Müsli mit unbehandelten Nüssen, Leinsamen und Sonnenblumenkernen essen, Fisch in Ihren Speiseplan einbauen und alle paar Wochen eine andere Sorte kalt gepresstes Pflanzenöl für Ihren Salat verwenden.

Neben der geringen Menge ist nämlich auch noch wichtig, dass Sie diese Fette aus möglichst unterschiedlichen Quel-

len beziehen, also auch mal Fisch essen, Avocados, Oliven oder Leinsamen, Mandeln oder Nüsse … immer roh (bis auf den Fisch), niemals stark erhitzt, nicht geröstet, nicht gesalzen. Olivenöl allein reicht also auch nicht aus.

Hungrig oder satt?

Das Rechnen von Fettprozentanteilen macht ein paar Tage lang etwas mehr Mühe beim Einkaufen, aber die »Aha-Effekte«, die Sie dabei haben werden, sind es wert. Und nach spätestens 14 Tagen reden wir nicht mehr drüber, dann haben Sie den Bogen raus.

Sie können sich jetzt auch auf die neuen Erkenntnisse freuen, die Sie bei den für Laien oft irreführenden Auslobungen auf den Verpackungen haben werden.

Weit schwieriger ist es, die Signale von »Hunger« und »satt« zu erkennen – und dann danach zu handeln. Wer isst denn schon immer nur dann, wenn er Hunger hat, und hört sofort auf, wenn er satt ist? Kinder tun das meistens noch, aber das gewöhnen wir ihnen ja als überbesorgte Eltern und Großeltern schnell ab.

Ein entschiedenes Ziel des LowFett 30-Konzeptes ist es, die normalen Regulationsmechanismen, nämlich den Hunger und das angenehme Gefühl von Sättigung wieder wahrzunehmen … und sich danach zu verhalten.

Apropos »Kinder«

Kinder verhungern nicht, nur weil sie phasenweise wenig essen. Dafür werden Sie Ihnen ein paar Wochen später die Haare vom Kopf fressen, versprochen. Wenn Sie selbst sich nach LowFett 30 mit viel Gemüse, Vollwertprodukten, hochwertigem Fleisch und einem gesunden Mix von allem ernähren, ist es absolut nicht mehr erforderlich, mit Ihren Kindern Essen zu diskutieren oder hier fördernd einzugreifen.

Die Ausnahme sind allerdings Kinder, die von klein auf zu viel essen. Hier hilft nur liebevolle Ablenkung und viel, viel Zuwendung.

Und natürlich darf ein Kind auch mal etwas nicht mögen. Aber dafür gibt es

bitte keinen Ersatz in Form eines Lieblingsessens, sondern eben ein einfaches Brot, wenn das Essen, das angeboten wird, mal nicht schmeckt. An bestimmte Geschmacksrichtungen müssen sich Kinder auch erst gewöhnen – und gegen manche Geschmacksvarianten hat man eben mal eine Abneigung, die man womöglich sein ganzes Leben lang nicht los wird. Dennoch staunen manche Eltern nicht schlecht, wenn sie zur Essenszeit im Kindergarten vorbeischauen und da mitbekommen, wie ihr Sprössling alles, was es zu essen gibt, brav isst … wo er doch Zuhause für seine Mäkelei berüchtigt ist.

Entscheidend ist einfach das Vorbild durch andere, entweder durch Eltern oder aber durch die Erzieher. Hinzu kommt noch ein bisschen Gruppen-

verhalten – und schon werden auch gestiftelte Möhren und Kohlrabi mit Begeisterung gegessen.

Wir können uns da an Tiereltern ein Vorbild nehmen: Ein Fuchs oder ein Vogel zeigt seinen Kindern, was bekömmlich ist und was man gefahrlos fressen darf. Ein Füchslein stellt das ebenso wenig infrage wie das Vogelküken: Egal ob Maus, Frosch oder Wurm: Was Mama auftischt, wird gegessen. Basta. Und später wird das selbst gejagt. Oder haben Sie schon mal einen Vogel verzweifelt rumflattern sehen, weil seine lieben Kleinen auf irgendein spezielles Essen bestehen?

Süßigkeiten, Kuchen, Eis und Softdrinks müssen Sie bei Kindern allerdings streng reglementieren. Wir alle haben eine natürliche Präferenz für süßen Geschmack. In der Natur kommt der in dieser Intensität nicht so oft (gefahrlos) vor … aber in unserer »Supermarkt-Natur« sind ganze Regalwände links und rechts mit süßen Leckereien vollgestopft. Besser, Sie machen um diese Regionen einen Bogen … gemeinsam mit Ihren Kindern.

Softdrinks sollten Sie Ihren Kindern am besten gar nicht geben. Mineralwasser (und wenn Ihr Leitungswasser gut ist, auch »Kranenburger«) tut es voll und ganz. Wasser ist das natürlichste Getränk, das es gibt.

◄ Mehr dazu erfahren Sie in unserem Ernährungskurs, der auch eine telefonische Beratung beinhaltet.

Die 3 Regeln von LowFett 30

Bei LowFett 30 gibt es »nur« 3 Regeln und die haben sich wirklich bewährt. Sie verfolgen vor allem ein Ziel: Ihnen wieder zu einem normalen Essverhalten zu verhelfen.

1. Essen, wenn man Hunger hat

Das bedeutet, nicht zu naschen und zu snacken und jeden einsamen Keks zu adoptieren, der des Weges kommt … aber auch wirklich zu essen, wenn Sie Hunger haben. Dann sollen Sie auch essen – und keinesfalls hungern.

2. Aufhören, wenn man satt ist

Diese Regel ist etwas schwieriger, denn sie erfordert mehr Körperwahrnehmung. Es ist manchmal gar nicht so einfach, mitzubekommen, wann Sie wirklich »satt« sind. Fröhliche Abende und leckere Gerichte sorgen dafür, dass wir erst dann aufhören, wenn nichts mehr reinpasst, getreu dem Motto: »Platzen ist ein schöner Tod«. Das Positive aber ist: Sie sollen sich satt essen. Hören Sie auch nicht vorher auf. Essen Sie nicht wie ein Spatz. Essen Sie sich satt.

▶ **Übrigens: Kleinere Teller zu verwenden ist gar keine schlechte Idee, denn wenn wir diese wie gewohnt füllen, ist eindeutig weniger Brennwert auf dem Teller.**

3. Alles soll LowFett 30 sein

Damit alles, was Sie essen, LowFett 30 ist, müssen Sie nur die Formel beim Einkaufen anwenden bzw. nach unseren Rezepten kochen.

Und natürlich wissen wir, dass diese Regeln schwieriger zu beherzigen sind, als wenn Sie Ihre Essensmengen einfach beschränken. Doch wenn Sie schon mal Reduktionsdiäten gemacht haben, dann wissen Sie auch, dass Mengenbeschränkungen dauerhaft nicht funktionieren. Klar können wir uns eine Zeitlang einen kleinen Teller nehmen, mit Kinderbesteck essen und nach jedem Bissen das Besteck ablegen und 30-mal kauen. Und wir können 80 g Hühnchenbrust mit 120 g Gemüse und zwei Scheiben Roggenknäcke über Monate als Mittagessen akzeptieren … nur irgendwann kommt der Tag, da sind wir wieder im richtigen Leben unterwegs und das Leben ist, wie es ist, und schon … wumms … lassen wir die Zügel schießen und befinden uns sofort und ungebremst im alten Fahrwasser.

Uns aber anzugewöhnen und uns zu fragen: Muss ich das jetzt wirklich essen oder esse ich das nur, weil es rumliegt … das können wir lange durchhalten. Und manchmal, tja, manchmal muss der Schokoriegel halt sein. Weil wir alle kleine Sünder und Schlemmer sind … aber dann ist dieser Schokoriegel eben eine Ausnahme, die wir im Idealfall mit einer etwas großzügigeren Sporteinheit wieder wettmachen.

So klappt's ganz leicht auf Italienisch

Wir haben ja schon gesagt, dass der Ausgangspunkt der Ernährung der Einkauf im Supermarkt bzw. die Auswahl im Restaurant ist. Was Sie einmal im Kühlschrank haben, werden Sie auch essen. Was per se LowFett 30 ist, können Sie essen – Sie müssen sich nur an Regel 1 und 2 halten. Wenn Sie nach 2 Brötchen immer noch Hunger haben, essen Sie eben noch ein drittes. Vorausgesetzt, das Brötchen samt Belag ist auch LowFett 30.

Das Schöne beim Einkauf von Lebensmitteln, die alle auch LowFett 30 sind, ist, dass Sie sie ganz nach Geschmack und Tagesform beliebig kombinieren können, ohne rechnen oder wiegen zu müssen. Sie können sich komplett auf Ihren Regelmechanismus »Hunger« bzw. »satt« konzentrieren.

Fangen wir also mit den italienischen Lebensmitteln an, die per se LowFett 30 sind:
- Gemüse und Obst im Rohzustand sind bedenkenlos möglich, bis auf die Öllieferanten wie Oliven, Avocados, Nüsse und Sämereien (Leinsamen, Sonnenblumenkerne etc.); Nudeln, Reis, Getreide, Hülsenfrüchte
- Brot mit gewissen Einschränkungen (da in Italien eine Reihe von Teigen mit Öl gemacht werden)
- Grissini, Amarettini … und billige (!) Cantuccini (billig, weil diese weniger teure Mandeln enthalten)
- 1,5 %ige Milch, Magerquark

- Filet-Fleisch
- Schinken ohne Fettrand, nicht durchwachsen

Seefisch ist selten LowFett 30, vor allem, wenn Sie die Haut mit verzehren, was aber nichts macht, da es sich hier um essenzielle Fette handelt. Wenn Sie eine Portion Lachs (das entspricht einem Lachssteak von ca. 150 g) gegessen haben, müssen Sie an diesem Tag keine Extraportionen an essenziellen Fetten mehr zuführen. Beliebt in der italienischen Küche sind Dorade, Seewolf und Thunfisch.

Auf die folgenden »Italiener« sollten Sie nach Möglichkeit ganz verzichten. Ihr Fettgehalt ist so unglaublich hoch, dass sie nur bei ganz speziellen Kombinationen noch irgendwie ins LowFett 30-Gerüst passen:
- Salami
- Mortadella
- Antipasti in Öl
- Sahne wie z. B. für Panna Cotta
- Mascarpone (Frischkäse)

Merksätze für die schwachen Momente

Jeder hat mal einen schwachen Moment. Und in diesen wenigen Minuten, oft sind es ja nur Sekunden, in denen wir einem Impuls folgen wollen, heißt es, Stärke zu zeigen – und sich das »Objekt der Begierde« zu verkneifen.

Wenn Ihre Hand vorschnellen möchte, um die Schokolade, die fetten Kekse, den Sahnequark oder den Nussaufstrich einzupacken, sagen Sie »stopp«.

Ich kaufe nur noch LowFett 30-Lebensmittel ein:

$$\frac{\text{Gramm Fett} \times 9 \text{ kcal} \times 100}{\text{Gesamtkalorien}} =$$

Und wenn das noch nicht ausreicht, dann schalten Sie Stufe 2 ein und sagen Sie: Ist es **das** wert, dass ich so bleibe wie ich es nicht will? Darf sich dieses Produkt zwischen mich und mein Abnehmen stellen? Falls es Ihnen das aber wert sein sollte, dann bitte, genießen Sie es und ärgern Sie sich nicht über sich selbst. Der zweiten Hürde begegnen Sie mit der Frage:
Habe ich jetzt wirklich Hunger?

Fragen Sie sich das, bevor Sie etwas in den Mund schieben. Wenn Sie keinen Hunger haben, essen Sie es nicht. Regel 1 lautet: Essen Sie, wenn Sie Hunger haben. Nicht nur, weil Sie etwas anlacht.

Dieser Hinweis ist für Ihre Vorratsschränke und Ihren Kühlschrank gedacht. Mit solchen einfachen Tricks können Sie Ihren inneren Schweinehund an die Leine legen.

Gibt es noch etwas zu beachten?

Mit unseren LowFett 30-Rezepten werden Sie prima klarkommen. Sie sind alle getestet und wenn nicht der Druckfehlerteufel zuschlägt, dann wird Ihnen auch alles gelingen. Einfach nur lesen und nachmachen. Nach LowFett 30 zu kochen ist echt ganz einfach.

Wir haben uns übrigens erlaubt, Ihnen zwei originale italienische Rezepte mit dazuzugeben, die nicht LowFett 30 sind, weil wir der Meinung waren, dass eine LowFett 30-Variante zu weit weg vom Original ist. Heben Sie sich die Originale für Ihre ganz persönlichen Highlights auf und fühlen Sie sich »gewarnt«, dass das jeweilige LowFett 30-Gericht doch ein bisschen weiter weg vom Original ist als in anderen Fällen. Was nicht heißt, dass es nicht schmeckt. Es schmeckt nur eben nicht wie das Original.

Bei den meisten Gerichten aber werden Sie überhaupt keinen Unterschied feststellen. Die Kinder werden Ihnen wahrscheinlich sagen: Ooooch, das schmeckt aber lecker. Manche Ehemänner, die von ihren Frauen im Rahmen der häuslichen Aufgabenteilung bekocht werden, haben überhaupt nicht mitbekommen, dass sich am Essen etwas geändert hat … und dabei sanft abgenommen. Einfach so.

Falls Sie noch tiefer in die LowFett 30-Philosophie einsteigen wollen, dann

empfehlen wir Ihnen unsere Website www.lowfett.de. Hier finden Sie neben einem Rezeptarchiv verschiedene Online-Kursmodelle, von denen einige von den Krankenkassen im Rahmen der Prävention erstattet werden. Allerdings nicht von allen. Wenn Sie sehr eng kalkulieren, fragen Sie bei Ihrer Krankenkasse sicherheitshalber vorher nach.

Innerhalb der Online-Varianten werden Sie natürlich von »richtigen Menschen« betreut … was sich auch in den Ergebnissen widerspiegelt: Unser Online-Ernährungskurs ist nachweislich genauso erfolgreich wie ein »normaler« Ab-

nehmkurs, den man vor Ort bei einer Ernährungsberaterin buchen kann. Zudem ist er ungewöhnlich nachhaltig, sprich: Ohne Jojo-Effekt, weil wir Ihnen eben mehr zu vermitteln versuchen als nur die fettarme Zubereitung. Innerhalb der Kurse finden Sie Achtsamkeitsübungen, Tipps und Tricks zum Kochen und Essengehen, für den Job und selbstverständlich jede Menge Basiswissen über Ernährung.

Wir wünschen Ihnen nun viel Erfolg bei Ihrem Ausflug in die italienische LowFett 30-Küche …

LowFett 30-Rezepte: italienisch genießen auf die leichte Art

Spaghetti müssen nicht in einer Öllache schwimmen und Pizza muss nicht mit tonnenweise Käse zugepappt sein, um zu schmecken; im Gegenteil, Sie werden feststellen, dass unsere Rezepte nicht nur extrem lecker sind, sondern aufgrund der passenden Zutaten auch typisch italienisch schmecken, obwohl nur wenig Fett enthalten ist.

So macht die italienische Küche schlank

Italiener zelebrieren und genießen ihre Mahlzeiten (bis auf das eher spartanische Früh-stück), alles versammelt sich um den Tisch, man scherzt, diskutiert, lacht, isst und trinkt zwischendurch auch mal etwas und kann so locker einige Stunden gemeinsam verbringen, ohne dabei zu viel zu sich zu nehmen.

Das italienische Frühstück

Wenngleich die italienische Küche ein Gedicht ist, fällt das Frühstück eher be-scheiden aus: Ein Kaffee ... eine Zeitung ... vielleicht ein Stück Brot mit etwas Marmelade, etwas Obst, etwas Käse ... das war's.

In Sachen Frühstückskultur haben wir wirklich die Nase vorne. Deswegen an dieser Stelle keine Frühstücksrezepte, weil es einfach keine »typisch italieni-schen Frühstückslösungen« gibt.

Wobei: Ein anständiger Kaffe und aus-reichend Zeit, um die Zeitung auswendig zu lernen, ist doch schon mal ein super Start in den Tag.

Antipasti

Abgesehen von dem Stückchen Brot mit etwas Butter, das in allen Restaurants vorab gereicht wird, gibt es eine große Auswahl an köstlichen Kleinigkeiten, die man sich auf einem Tellerchen zusam-menstellen lassen kann.

Wenn Sie nicht gerade eine 10-köpfige Familie haben oder große Partys geben, reicht die Zubereitung von ein oder zwei Rezepten für eine Familie als Vorspeise aus.

Der Vorteil von Vorspeisen – rein ernäh-rungsphysiologisch – ist, dass man den Magen aufweckt ... ein bisschen füllt ... und so das erste Sättigungsgefühl hat, ehe die eigentlichen Hauptspeisen auf-getragen werden.

Zuppe

Suppen sind perfekt zum Abnehmen: Sie füllen angenehm den Magen, machen das Innere kuschelig warm und haben meist sehr wenig Kalorien. Perfekt, wenn Sie sich gerne richtig satt essen ... oder auch schon mal dazu neigen, mehr zu essen, als sie sollten.

Insalate

Der Salat wird in Italien meist als reine Beilage gereicht ... nicht so wie bei uns, wo ein Salat ein Hauptgericht ersetzt. Das berühmte »Italian Dressing« ist übrigens eine Vinaigrette, also Essig und Öl, plus typisch italienische Kräuter.

Pizza

Keine Tiefkühltruhe im Supermarkt ohne meterweise Pizzaschachteln. Doch nichts geht über selbst gemachte Pizza: Sie können Sie dick belegen mit allem, was LowFett 30 ist. Ganz viel Gemüse, Mais, Tomatensugo, Kräuter, gekochter Schinken und Peperoni, Knoblauch, Thunfisch (im eigenen Sud) – nur beim Käse müssen Sie halt aufpassen. Freuen Sie sich an der lukullischen Vielfalt frischer Original-LowFett 30-Pizzen.

Pasta, Pasta

Ah, jetzt kommen wir zu einer unserer Lieblingskategorien … Nudeln. Köstlich. Die Pasta ist in Italien übrigens nur eine Vorspeise … entsprechend kleiner sind die Portionen.

Da wir aber um den chronischen Zeitmangel wissen, der die meisten Menschen plagt, haben wir Portionen für Hauptgerichte zugrunde gelegt. Bei einem »italienischen Abend« mit lieben Freunden lassen sich aus den angegebenen Mengen locker 2 bis 3 Vorspeisen-Portionen machen.

Carne

An dieser Stelle einmal mehr unser herzlicher Appell: Kaufen Sie Fleisch aus Biohaltung. Zum einen werden Bio-Tiere anders gefüttert und anders medizinisch versorgt, vor allem aber werden sie während ihres Lebens anders gehalten. Die Umstände, unter denen manche Mastbetriebe für Billigfleisch betrieben werden, würde Ihnen den Genuss von Fleisch komplett verderben. Jede Putenbrust würde Ihnen im Hals stecken bleiben. Also, schalten Sie nicht einfach Ihr Gewissen ab, wenn Sie Fleisch einkaufen, sondern kaufen Sie einfach etwas weniger. Viele Supermärkte haben bereits Bio-Fleisch im Standardsortiment.

Pesce

Was für Fleisch gilt, gilt in gewisser Weise auch für Fisch. Es gibt mittlerweile Fisch aus nachhaltiger Fischzucht – und der kostet nur ein kleines bisschen mehr. Dafür werden unsere Meere nicht einfach nur leergefischt. Schließlich möchten wir auch noch in 20 Jahren ein schönes Stück frischen Fisch genießen können.

Dolce

Bei diesen Rezepten ist Genuss ohne Reue möglich, auch wenn das ein oder andere Dessert doch etwas anders schmeckt als das Original, das seiner Rezeptidee zugrunde liegt.

Bei Desserts unbedingt ein paar Tage vorher ins Buch schauen, denn die meisten benötigen eine gewisse Zeit zum Kühlen.

Mediterrane Antipastiplatte

Diese bunte, knackige Vorspeisenplatte stillt
schon den ersten Hunger.

▶ **Für 4 Personen**
⊙ **30 Min.**

2 Eier · 300 g festkochende Kartoffeln · Salz · 2 rote Paprikaschoten · 2 weiße Zwiebeln · 1 große Fleischtomate · 1 Dose
Thunfisch (195 g; im eigenen Saft) · 8 eingelegte grüne Peperoni · 2 EL gehackte glatte Petersilie · 1 TL Olivenöl · 2 EL Gemüsebrühe · 1 EL Zitronensaft · Pfeffer · 4 frische Minzezweige

- Die Eier in Wasser 10 Minuten hart kochen, dann abschrecken. Die Kartoffeln waschen und im kochenden Salzwasser
  20 Minuten fertig garen.
- Die Paprika halbieren, entkernen, waschen und in Stücke
  schneiden. Zwiebeln abziehen und vierteln. Tomate
  waschen, entkernen und in kleine Würfel schneiden.
  Das vorbereitete Gemüse auf eine Platte geben.
- Die Eier pellen und halbieren. Thunfisch abtropfen lassen
  und in kleine Stücke zerteilen. Kartoffeln abgießen, pellen
  und in Stücke schneiden. Kartoffeln, Eier, Peperoni, Thunfisch und Petersilie zu dem Gemüse auf die Platte legen.
- Aus dem Olivenöl, der Gemüsebrühe, dem Zitronensaft,
  Salz und Pfeffer eine Marinade rühren und über das
  Gemüse träufeln. Mit Minzeblättchen garnieren.

Pro Portion:
201 kcal/ 5,4 g Fett/ 20,7 g KH/ 24,2 % kcal aus Fett

Crostini mit Geflügellebercreme

Mit fettiger Leberwurst hat diese feine Creme nichts zu tun.

▶ **Für 4 Personen (etwa 24 Stück)**
🕑 **30 Min.**

400 g Hühnerleber · 1 Zwiebel · 1 TL Olivenöl · 2 Sardellenfilets · 1 EL Kapern · 125 ml Weißwein · 250 ml Hühnerbrühe · Salz · Pfeffer · 1 EL Butter · 1 Ciabatta-Brot (250 g) · 1 EL gehackter Kerbel

- Die Leber mit kaltem Wasser abspülen, trocken tupfen und die Fettreste entfernen. Die Zwiebel abziehen und in kleine Würfel schneiden.
- In einer beschichteten Pfanne das Öl erhitzen, die Leber darin von allen Seiten bei mittlerer Hitze etwa 10 Minuten braten. Aus der Pfanne nehmen und etwas abkühlen lassen.
- Die Zwiebelwürfel im restlichen Bratfett goldgelb dünsten. Die Leber fein hacken und wieder in die Pfanne geben. Die Sardellenfilets abspülen, mit den Kapern fein hacken und zur Leber geben. Alles etwa 10 Minuten bei geringer Hitze garen.
- Nach und nach den Wein und die Brühe unterrühren, sodass eine cremige Paste entsteht. Mit Salz und Pfeffer abschmecken und die Butter unter die abgekühlte Creme rühren.
- Das Brot in Scheiben schneiden und rösten. Die Geflügellebercreme auf das frisch geröstete Brot streichen und etwas Kerbel darüberstreuen.

Nährwerte pro Stück:
124 kcal / 2,6 g Fett / 16,7 g KH / 18,9 % kcal aus Fett

Pikant eingelegte grüne Bohnen

Wenn Sie einmal Lust haben, »wie früher« Gemüse einzuwecken.

▶ **Für 7 Gläser (à 500 ml)**
🕑 **50 Min. Einkochzeit: ½–1 Std., Haltbarkeit: 12 Mon.**

2 kg grüne Bohnen · Salz · 1½ kg Fleischtomaten · 8 Zwiebeln · 12 Wacholderbeeren · 3 EL weiße Pfefferkörner · 50 g frisches Bohnenkraut · 250 ml Essig-Essenz · 250 g Zucker · 4 Lorbeerblätter

- Die Bohnen putzen und waschen, in etwa 2 Liter kochendes Salzwasser geben und fast gar kochen. Abgießen, kalt abschrecken und abtropfen lassen.
- Die Tomaten kreuzweise einritzen, überbrühen, häuten, entkernen und längs in Streifen schneiden. Zwiebeln abziehen und in Scheiben schneiden.
- Vom Blanchierwasser 1½ Liter aufkochen und die Zwiebeln darin 3 Minuten garen. Wacholderbeeren und Pfefferkörner leicht zerdrücken und dazugeben. Bohnenkraut von den Stielen zupfen und mit Essig-Essenz, Zucker und Lorbeer darin aufkochen lassen.
- Bohnen und Tomaten in die Gläser füllen und mit dem etwas abgekühlten Einkochsud übergießen.
- Die Gläser mit Gummiringen, Deckeln und Klammern verschließen und in den Einmachtopf stellen. Wasser auffüllen, Topf verschließen und 30 Minuten bei 100 Grad sterilisieren. (Gebrauchsanweisung für den Einkochkessel beachten!) Falls Sie keinen Einmachtopf haben, im Backofen einwecken (siehe Tipp rechte Seite).

Pro Glas:
220 kcal / 1,3 g Fett / 40,8 g KH / 5,3 % kcal aus Fett

Eingelegte Paprika

Zucchini und Auberginen eignen sich ebenfalls gut zum Einlegen.

- Die Paprikaschoten achteln und waschen. In ½ Liter kochendes Salzwasser geben, 1 Minute aufkochen, kalt abschrecken und abtropfen lassen. Den Sud anschließend beiseitestellen.
- Die Frühlingszwiebeln putzen, waschen und schräg in 3 – 4 Zentimeter lange Stücke schneiden. Den Knoblauch abziehen und in feine Stifte schneiden.
- Knoblauch und Frühlingszwiebeln mit Paprika, Lorbeer und Pfeffer in vier ausreichend große Gläser füllen. Den Paprikasud mit Wasser und Essig auf 800 Milliliter auffüllen und in die vier Gläser gießen, bis das Gemüse gerade bedeckt ist.
- Die Gläser mit Gummiringen, Deckeln und Klammern verschließen und in den Einmachtopf stellen. Wasser auffüllen, Topf verschließen und 30 Minuten bei 100 Grad sterilisieren. (Gebrauchsanweisung für den Einkochkessel beachten!)

Pro Glas:

113 kcal/ 1,2 g Fett/ 20,6 g KH/ 9,6 % kcal aus Fett

▶ **Für 4 Gläser (à 500 ml)**
⊙ **25 Min., Einkochzeit: 30 Min., Haltbarkeit: 6 Mon.**

500 g rote Paprikaschoten
500 g gelbe Paprikaschoten
1 – 2 TL Salz
250 g Frühlingszwiebeln
2 Knoblauchzehen
2 Lorbeerblätter
20 schwarze Pfefferkörner
14 EL Essig

TIPP

Im Backofen einwecken

Wer keinen Einmachtopf besitzt, kann auch ganz einfach im Backofen einwecken. Dazu die Gläser nebeneinander auf das Backblech setzen, sodass sie sich nicht berühren. ½ l Wasser in die Fettpfanne geben, damit genügend Feuchtigkeit entsteht. Den Backofen auf 160 – 170 °C Unterhitze einstellen. Sobald die Flüssigkeit in den ersten Gläsern zu perlen beginnt (nach ca. 30 – 45 Minuten), die Temperatur auf 100 °C zurückstellen und noch 15 Minuten weiterkochen.

KLEINE GERICHTE

27

Bruschetta classica

Ein Vorspeisenklassiker, der sich jederzeit rasch zubereiten lässt.

▶ **Für 4 Personen**
⏱ **15 Min.**
4 Fleischtomaten · 1 Knoblauchzehe · ½ Bund Basilikum · Salz · Pfeffer · 4 Scheiben Bauernbrot · 1 EL Olivenöl

- Die Tomaten über Kreuz einschneiden, überbrühen, häuten und vierteln, die Flüssigkeit und die Kerne herausdrücken. Die Tomatenviertel in Würfel schneiden.
- Den Knoblauch und das Basilikum hacken, unter die Tomatenwürfel mengen und mit Salz und Pfeffer abschmecken.
- Die Brotscheiben rösten, die Tomatenstückchen darauf verteilen und mit Olivenöl beträufeln.

Pro Portion:
186 kcal/ 4,1 g Fett/ 30,6 g KH/ 19,8 % kcal aus Fett

Bruschetta mit Frischkäse

Auch schnell gemacht, die Variante mit Frischkäse.

▶ **Für 4 Personen**
⏱ **15 Min.**
1 Knoblauchzehe · 4 Tomaten · Salz · Pfeffer · ½ TL getrocknete italienische Kräuter · 100 g körniger Frischkäse · 1 TL Olivenöl · 4 Scheiben Ciabatta · frische Basilikumblätter

- Eine beschichtete Pfanne vor dem Erhitzen mit der aufgeschnittenen Knoblauchzehe einreiben.
- Die Tomaten in Scheiben schneiden, in die Pfanne legen und zugedeckt erhitzen.
- Inzwischen die Ciabatta-Scheiben toasten.
- Nach etwa 2 Minuten die Tomatenscheiben wenden, mit Salz, Pfeffer und den Kräutern bestreuen.
- Bei schwacher Hitze 1 Minute weitergaren.
- Den Frischkäse auf die Tomatenscheiben verteilen und zugedeckt 1 Minute weitergaren.
- Die Tomatenscheiben auf die getoasteten Brotscheiben verteilen, mit Basilikum garnieren und servieren.

Pro Portion:
233 kcal/ 6,8 g Fett/ 29,7 g KH/ 26,3 % kcal aus Fett

Crostini mit Thunfischcreme

Die dritte Häppchen-Variation: mit Fischcreme.

▶ **Für 4 Personen**
⏱ **30 Min.**
1 italienisches Weißbrot (250 g, Ciabatta) · 150 g Thunfisch im eigenen Saft (Dose) · 1 kleine Zwiebel · 100 g Galbani Ricotta · 2 EL Aceto Balsamico bianco · 2 EL Kapern (Glas) · Salz, Pfeffer

- Das Weißbrot in dünne Scheiben schneiden, die Scheiben auf ein Backblech legen und im Backofen kross backen oder toasten.
- Den Thunfisch abtropfen lassen. Die Zwiebel schälen, sehr fein würfeln. Beides mit dem Ricotta, dem Aceto balsamico und den Kapern pürieren.
- Mit Salz und Pfeffer würzen und abschmecken. Die Brotscheiben damit bestreichen.

Pro Portion:
259 kcal/ 4,6 g Fett/ 36,6 g KH/ 16,0 % kcal aus Fett

▶ Bruschetta classica (rechts), Bruschetta mit Frischkäse (links) und Crostini mit Thunfischcreme (oben)

KLEINE GERICHTE

Cipolle al balsamico

Ein köstlicher Soloauftritt
für die Zwiebel.

▶ **Für 4 Personen**
🕙 **30 Min.**
500 g kleine rote Zwiebeln (ersatzweise Perlzwiebeln) · 5 – 10 Salbeiblättchen · 2 EL Olivenöl · 4 EL Aceto
balsamico · 50 ml trockener Rotwein
(bevorzugt italienisch) · 2 TL Honig ·
1 getrockneter Peperoncino (wer es
scharf mag) · Salz, schwarzer Pfeffer
aus der Mühle · 240 g Ciabattabrot

▬ Die Zwiebeln schälen und der Länge
nach halbieren. Die Hälften noch
einmal teilen. Den Salbei waschen,
trocknen und in feine Streifen
schneiden.
▬ Öl in einem breiten Topf oder
Pfanne erhitzen, Zwiebeln und
Salbei einrühren und 1 – 2 Minuten
dünsten.
▬ Dann den Rotwein, Balsamico und
50 ml Wasser mischen, mit dem
Honig und falls gewünscht Peperoncino zu den Zwiebeln geben.
Salzen, pfeffern und im zuge-
deckten Topf ca. 10 Minuten bei
mittlerer Hitze köcheln lassen.

Pro Portion:
288 kcal/ 7,4 g Fett/ 45 g KH/
23,1 % kcal aus Fett

Herzhafte Hefeschnecken

Als warme Vorspeise oder auch
für den kleinen Hunger.

▶ **Für 12 Stück**
🕙 **30 Min., Backzeit: 30 Min.**
1 fertiger Hefeteig auf der Rolle ·
1 rote Paprikaschote · 1 kleine
Zucchini · 1 Zwiebel · 1 EL Sonnenblumenöl · Salz, weißer Pfeffer aus
der Mühle · ½ Prise italienische TK-
Kräuter · 50 g Edamer · 2 EL Kaffeesahne (10 % Fett zum Bestreichen)

▬ Die Paprika waschen, halbieren und
die Kerne entfernen. Die Zucchini
putzen und waschen. Die Zwiebel
abziehen. Das Gemüse fein würfeln.
▬ Das Öl in einer beschichteten Pfanne erhitzen, das Gemüse zufügen
und andünsten. Die Knoblauchzehe
abziehen, durchpressen und mitdünsten. Mit den Gewürzen abschmecken und abkühlen lassen.
▬ Den Teig ausrollen und das Gemüse
darauf verteilen. Den Käse zum
Schluss darüberstreuen.
▬ Die Teigplatte von der schmalen
Seite her aufrollen und in 12 ca.
1,5 cm breite Stücke schneiden.
▬ Die Schnecken auf ein mit Backpapier ausgelegtes Backblech legen
und mit der Kaffeesahne bestreichen. Im vorgeheizten Backofen bei
200 °C ca. 25 – 30 Minuten backen.

Pro Stück:
114 kcal/ 3,7 g Fett/ 15,7 g KH/
29,2 % kcal aus Fett

Pollo Tonnato

Die LowFett-Variante des
italienischen Klassikers.

▶ **Für 4 Personen**
🕙 **30 Min.**
200 g Joghurt (1,5 % F.) · 280 g Thunfisch in Wasser · 3 EL feine Kapern
(Glas) · 3 Tomaten, enthäutet und
entkernt · 400 g Putenbrust in feinen
Scheiben · 100 g saure Sahne · 1 EL
Zitronensaft · Salz · Pfeffer aus der
Mühle · 1 TL Aceto balsamico bianco ·
1 EL Olivenöl, extra vergine · 1 Schalotte, fein gewürfelt · 1 Handvoll Basilikumblätter · 8 Scheiben Ciabatta

▬ Joghurt durch ein feines Sieb
abtropfen lassen. Thunfisch und
Kapern ebenfalls abtropfen lassen.
▬ Das Tomatenfleisch in feine Würfel
schneiden. Die Putenbrustscheiben
auf 4 Tellern überlappend auslegen.
▬ Saure Sahne mit dem abgetropften
Joghurt und dem Zitronensaft gut
verrühren, mit Salz und Pfeffer
würzen. Den Thunfisch zerpflücken
und zusammen mit dem Aceto balsamico und dem Olivenöl unter die
Creme rühren. Kapern, Schalotten-
und Tomatenwürfel unterheben.
▬ Die Creme auf dem Putenfleisch
verteilen, mit Basilikumstreifen
garniert servieren, dazu geröstetes
Ciabatta reichen.

Pro Portion:
517 kcal/ 11,1 g Fett/ 49,9 g KH/
19,3 % kcal aus Fett

Blattsalat mit Lammfilet
Das zarte Lammfleisch veredelt den Salat.

▶ Für 4 Personen
🕑 30 Min.

100 g Kartoffeln (mehlig kochend) · Salz, weißer Pfeffer · 300 g ausgelöster Lammrücken (Lammlachs) · 2 EL Öl · 1 kleiner Frisée-Salat · 50 g Rauke-Salat · 150 g Kirschtomaten · 75 ml Gemüsebrühe · 2 – 3 EL Weißwein-Essig · evtl. rosa Pfefferbeeren zum Garnieren · 250 g Ciabattabrot

- Kartoffeln schälen, waschen und klein schneiden. In Salzwasser ca. 15 Minuten kochen.
- Blattsalate putzen, waschen, trocken tupfen und kleiner zupfen. Tomaten waschen und vierteln. Beides auf 4 Teller verteilen.
- Filet evtl. waschen und trocken tupfen. In 1 EL heißem Öl bei mittlerer Hitze rundherum 3 – 4 Minuten braten. Mit Salz und Pfeffer würzen. Herausnehmen, in Alufolie wickeln und ruhen lassen.
- Kartoffeln abgießen und mit einer Gabel fein zerdrücken. Mit Brühe und Essig verrühren. 2 – 3 EL Öl kräftig darunterschlagen. Mit Salz und Pfeffer abschmecken.
- Fleisch in sehr dünne Scheiben schneiden und auf dem Salat anrichten. Die Kartoffel-Vinaigrette darüber verteilen. Evtl. mit rosa Pfefferbeeren garnieren.
- Servieren Sie dazu frisches Ciabattabrot.

Pro Portion:
352 kcal/ 10,1 g Fett/ 40,5 g KH/ 25,8 % kcal aus Fett

Melonensalat mit Schinken
Ein pikant-erfrischender Sommergenuss.

▶ Für 4 Personen
🕑 25 Min.

1 rote Zwiebel · Salz · 1 – 2 EL Sherry · 1 Salatgurke (ca. 300 g) · 1 Cantaloupe-Melone (ca. 600 g) · 600 g Wassermelone · 1 Bund frisches Basilikum · 2 EL Rotweinessig · 2 EL Olivenöl · 100 ml Orangensaft · 160 g magerer Schinken, mild geräuchert · 1 Baguette (ca. 200 g)

- Die Zwiebel abziehen und in feine Streifen schneiden, salzen und ausdrücken.
- Die Zwiebelstreifen im Sherry 2 – 3 Minuten schmoren und dann abkühlen lassen.
- Die Gurke schälen und dann in Streifen schneiden.
- Die Melone durchschneiden, entkernen, schälen und in feine Streifen schneiden. Wassermelonenfruchtfleisch in kleine Stücke schneiden.
- Alles miteinander vermischen. Die Hälfte der Basilikumblättchen fein hacken, den Rest beiseitelegen.
- Essig, Salz, gehacktes Basilikum und 1 EL Olivenöl verrühren und über den Salat geben, vermischen und etwa 10 Minuten ziehen lassen.
- Den Orangensaft aufkochen und auf die Hälfte einkochen lassen. Mit Salz, Pfeffer und 1 EL Olivenöl aufschlagen.
- Salat auf 4 Teller verteilen, mit der Orangensaftvinaigrette beträufeln. Restliche Basilikumblättchen darüberstreuen und pro Teller 4 Scheiben Schinken aufsetzen.

Pro Person:
392 kcal/ 9,9 g Fett/ 56,9 g KH/ 22,7 % kcal aus Fett

Grüner Spargelsalat

Spargel einmal kalt servieren.

▶ **Für 4 Personen**

⊙ **40 Min.**

500 g grüner Spargel · Salz · 1 Fleisch-tomate · 2 EL Olivenöl · 1 EL trockener Sherry · 1 EL Sherry-Essig · schwarzer Pfeffer · 1 Msp. Paprikapulver · 1 Msp. scharfer Senf · 1 Schalotte · 1 Baguette (200 g)

- Vom Spargel das untere Drittel ab-schneiden und falls nötig den unte-ren Teil schälen. Reichlich Salzwasser in einem Topf zum Kochen bringen, den Spargel hineinlegen und zu-gedeckt bei mittlerer Hitze etwa 6 – 8 Minuten garen.
- Herausnehmen, abtropfen lassen.
- Die Fleischtomate mit kochendem Wasser überbrühen, häuten, entker-nen und das Fruchtfleisch in kleine Würfel schneiden.
- Den Spargel der Länge nach halbie-ren und mit den Tomatenwürfeln in einer Schüssel vorsichtig vermengen.
- Aus dem Olivenöl, dem Sherry, dem Sherry-Essig, etwas Salz, Pfeffer, Paprika und Senf eine cremige Mari-nade rühren.
- Die Schalotte pellen und fein hacken, dann in die Marinade geben. Diese über den Salat gießen, vorsichtig vermischen und kühl gestellt etwa 20 Minuten ziehen lassen.
- Als Beilage das getoastete Baguette reichen.

Pro Person:
240 kcal/ 7,3 g Fett/ 33,3 g KH/ 27,4 % kcal aus Fett

Insalata Mista

Als Beilagensalat gut geeignet.

▶ **Für 4 Personen**
🕐 **20 Min.**
250 g verschiedene Blattsalate ·
1 Gurke · 1 Zwiebel · 4 Tomaten ·
200 ml Smoothie · Saft von 2 Zitronen · 2–3 EL Zucker · 1 EL Senf ·
1 kräftige Prise Meersalz

- Blattsalate waschen, große Blätter
  zerkleinern.
- Gurke schälen und in Scheiben
  schneiden, Tomaten halbieren und
  in Scheiben schneiden.
- Die Zwiebel in Ringe schneiden.
- Smoothie, Zitronensaft, Zucker,
  Senf und Salz in einen hohen Behälter geben, mit dem Stabmixer
  pürieren und über den Salat geben.

Tipp
**Den Salat können Sie noch mit
Paprikastücken oder weißen
Bohnen ergänzen.**

Pro Portion:
97 kcal/ 0,7 g Fett/ 18 g KH/
6,5 % kcal aus Fett

Joghurt-Curry-Dressing

Passt zu allen Blattsalaten.

▶ **Für 4 Personen**
🕐 **10 Min., Ziehzeit: 30 Min.**
1 große Apfelsine · 150 g Naturjo-
ghurt (1,5 % Fett) · 1 EL Currypulver ·
1 Zwiebel (fein gewürfelt) · 1 Prise
Meersalz · 1 Prise Zucker

- Apfelsine schälen und in Würfel
  schneiden. Mit dem Saft zum
  Naturjogurt geben, Currypulver
  und die Zwiebelwürfel zugeben.
  Mit Meersalz und einer Prise Zucker
  abschmecken.
- Ca. 30 Minuten stehen lassen und
  erst unmittelbar vor dem Servieren
  löffelweise über den Salat geben.

Pro Portion:
46 kcal/ 0,9 g Fett/ 6,6 g KH/
17,6 % kcal aus Fett

Kartoffelsalat mit Bohnen

Das Rezept für einen leichten
Kartoffelsalat – ganz ohne Mayo.

▶ **Für 4 Personen**
🕐 **35 Min.**
1 kg kleine Kartoffeln (Drillinge) ·
2 Bio-Zitronen · 750 g feine grüne
Bohnen · 4 EL Thymian · 2 EL Bohnenkraut · 1 Knoblauchzehe, fein
gehackt · 1 EL Olivenöl

- Die Kartoffeln gut waschen, abbürsten und ca. 20 Minuten kochen.
  Die grünen Bohnen in ca. 5 cm
  lange Stücke schneiden und ca.
  15 Minuten in Salzwasser garen.
- Die Kartoffeln abgießen und halbieren. Die Zitronen halbieren und
  3 Hälften auspressen. Eine Zitro-
  nenhälfte wiederum halbieren und
  in feine Viertelscheiben schneiden.
- Bohnen abgießen. Das Öl in einer
  Pfanne erhitzen und den Knoblauch
  darin kurz anbraten. Kartoffeln und
  Gewürze zugeben und mit dem
  Zitronensaft ablöschen.
- Alles in eine Schüssel geben, die
  Zitronenscheibchen und die Boh-
  nenstücke unterheben und direkt
  servieren.

Pro Portion:
288 kcal/ 3,8 g Fett/ 49,7 g KH/
11,9 % kcal aus Fett

Rucolasalat mit Kalbsleber und Kartoffeln

Dieses an die berühmte »Fegato alla Veneziana« angelehnte Gericht schmeckt nicht nur lecker, sondern sättigt auch gut.

▶ **Zutaten für 4 Personen**
🕗 **40 Min.**

600 g kleine Kartoffeln
    Rosmarin
    Meersalz
  2 rote Zwiebeln
  1 Orange
75 ml roter Portwein
125 ml Rotwein
  2 Bund Rucola
    Aceto Balsamico
    Salz und Pfeffer
  1 TL Senf
  ½ kleine Knoblauchzehe
  1 EL Rapsöl
  2 EL Walnussöl
    Orangenpfeffer
    Zitronensaft
400 g Kalbsleber
  5 g Butterschmalz

- Die Kartoffeln waschen, gut abbürsten und vierteln, mit Rosmarin und Meersalz würzen und im vorgeheizten Backofen ca. 25 Minuten backen.
- Die Zwiebeln vierteln, in feine Scheiben schneiden und in einer beschichteten Pfanne andünsten, etwas Zucker dazugeben, leicht karamellisieren lassen und mit etwas Balsamico ablöschen.
- Den Saft einer halben Orange zugeben und etwas einkochen.
- Den Portwein und den Rotwein dazugeben und alles köcheln lassen, bis die Flüssigkeit fast verdampft ist.
- Rucola putzen und auf Tellern anrichten.
- Für das Dressing den Saft der zweiten Orangenhälfte mit dem Senf, Salz, Orangenpfeffer sowie dem fein pürierten Knoblauch vermischen, mit dem Öl aufschlagen und mit etwas Zitronensaft abschmecken. Das Dressing über den Rucola geben.
- Die Kalbsleber in Butterschmalz anbraten und zusammen mit den Rotweinzwiebeln und den Backkartoffeln auf die Teller geben.

 Tipp

Statt mit Orange und Orangenpfeffer können Sie das Gericht auch mit Zitrone und Zitronenpfeffer zubereiten.

Pro Portion:
381 kcal/ 11,9 g Fett/ 38 g KH/ 28,1 % kcal aus Fett

KLEINE GERICHTE

Orangensalat mit Rucola

Die Orangen geben dem Salat seinen fruchtigen Geschmack.

▶ **Für 4 Personen**
🕐 **20 Min., Ziehzeit: 30 Min.**
2 Bund Rucola · 150 g rote Zwiebeln · Salz · 5 Orangen · 2 EL Rotweinessig · 2 TL Honig, · 3 EL Olivenöl · Pfeffer · 200 g Ciabattabrot

- Den Rucola putzen, Stiele abschneiden, waschen und abtropfen lassen.
- Die Zwiebeln pellen, in dünne Ringe schneiden, in ein Sieb geben und mit 1 TL Salz bestreuen. 30 Minuten ziehen lassen.
- Die Orangen wie einen Apfel schälen, die weiße Haut vollständig entfernen. Orangen waagerecht in 0,5 cm dicke Scheiben schneiden.
- Essig mit Honig, Öl, Salz und Pfeffer verführen.
- Zwiebeln kalt abspülen und abtropfen lassen.
- Orangen, Rucola und Zwiebeln auf einer Platte anrichten, pfeffern. Den Salat vorm Servieren mit Dressing beträufeln.
- Dazu Ciabattabrot reichen.

Pro Portion:
330 kcal/ 10,6 g Fett/ 48 g KH/ 28,9 % kcal aus Fett

Bresaola-Mozzarella-Salat

Auch optisch ein Genuss.

▶ **Zutaten für 4 Personen**
🕐 **15 Min.**
12 – 16 Scheiben Bresaola · 1 Bund Rucola · 20 kleine Tomaten (Kirschtomaten) · 125 g Mozzarella (fettreduziert) · 1 EL Essig (mild) · 1 TL gekörnter Senf · Pfeffer, Salz · Süßstoff · 2 EL Olivenöl · 240 g Ciabatta

- Bresaolascheiben auf einen Teller verteilen, Rucola putzen und waschen, auf dem Fleisch verteilen.
- Die Tomaten halbieren und auf den Rucola geben, den Mozzarella in Stückchen schneiden und ebenfalls auf den Rucola geben.
- Aus den restlichen Zutaten eine Marinade anrühren und vorsichtig über den Salat verteilen.
- Mit Ciabatta servieren.

Tipp

Wenn Sie kein Bresaola bekommen können, dann nehmen Sie ersatzweise Rinderrauchfleisch.

Pro Portion:
771 kcal/ 24,8 g/ 74 g KH/ 28,9 % kcal aus Fett

Spargel-Kartoffel-Salat

Die Kombi Spargel – Kartoffeln – Schinken ist auch kalt sehr lecker.

▶ **Für 2 Personen**
🕐 **40 Min.**
3 Stangen grüner Spargel · 3 Stangen weißer Spargel · Salz · 250 g Pellkartoffeln, gekocht und geschält · 150 g magerer geräucherter Schinken · 1 EL Olivenöl · schwarzer Pfeffer aus der Mühle · 2 EL Crema di Balsamico

- Den weißen Spargel schälen und die Enden abschneiden, vom grünen Spargel nur die Enden abschneiden. Die Stangen in kochendem Salzwasser je nach Dicke ca. 15 Minuten garen. Anschließend in Stücke schneiden und abkühlen lassen.
- Die Kartoffeln in Würfel und die Schinkenscheiben in Streifen schneiden, in eine Schüssel geben und zusammen mit den Spargelstücken, dem Olivenöl und dem Balsamico vermengen und mit Pfeffer würzen.

Pro Portion:
318 kcal/ 10,5 g Fett/ 30,9 g KH/ 29,7 % kcal aus Fett

Panzanella-Brot-Salat

Eine raffinierte Version des klassischen Abendbrotes.

▶ **Für 4 Personen**
◷ **15 Min., Marinierzeit: 10 Min.**
1 weiße Zwiebel · 1 Knoblauchzehe · 200 g feste reife Tomaten · 200 g Salatgurke · 1 gelbe Paprikaschote · 1 Bund Rucola · ½ Bund Petersilie · 2 EL Rotweinessig · 3 EL Gemüsebrühe · Salz, Pfeffer · 2 EL Olivenöl · 250 g Weizenbrot (vom Vortag), in Scheiben geschnitten · 1 EL kleine Kapern · 300 g magerer roher Schinken

━ Zwiebel abziehen, vierteln und in feine Streifen schneiden. Den Knoblauch abziehen und fein hacken. Tomaten, Gurke und Paprika putzen, waschen und in kleine Würfel schneiden.
━ Rucola und Petersilie fein hacken.
━ Essig, Gemüsebrühe, Salz, Pfeffer und Öl gut verrühren. Das Gemüse und die Kräuter mit der Sauce vermengen.
━ Den Schinken in feine Streifen schneiden.
━ Die Brotscheiben im Backofen oder Toaster knusprig und goldbraun werden lassen. Das Brot klein brechen und mit Schinkenstreifen unter den Salat heben und 10 Minuten ziehen lassen.
━ Die Panzanella noch einmal gut durchmischen, mit Kapern bestreuen und servieren.

Als Vorspeise reicht der Salat für 6–8 Personen.

Pro Person:
346 kcal/ 11,5 g Fett/ 35,6 g KH/ 29,9 % kcal aus Fett

Tomaten-Mozzarella-Platte mit Feigen

Schön angerichtet können Sie damit Ihre Familie oder Gäste verwöhnen.

▶ **Für 4 Personen**
◷ **30 Min.**
4 Feigen · 4 Scheiben roher Schinken ohne Fettrand (hier kann auch Bresaola oder Pute genommen werden) · 2 Tomaten · 200 g Mozzarella · 2 TL Balsamico-Creme · ½ TL Honig · 1 Zitrone · schwarzer Pfeffer · Pfefferbeeren, rosa (roter Pfeffer)

━ Die Feigen kreuzförmig tief einschneiden und etwas auseinanderdrücken. Auf keinen Fall komplett zerteilen. Die Feigen gleichmäßig verteilt auf dem Teller anrichten.
━ Den Mozzarella und die Tomaten in Scheiben schneiden und gleichmäßig um die Feigen verteilen. Noch etwas Platz für den Schinken lassen.
━ Die rosa Pfefferbeeren und den schwarzen Pfeffer frisch über Tomaten und Mozzarella mahlen.
━ Die Schinkenscheiben längs halbieren, zu kleinen Röllchen drehen und auf dem Teller platzieren.
━ Die Balsamico Creme auf den Mozzarella und in etwas geringerer Menge auf die Tomaten geben.
━ Den Saft aus der Zitrone pressen und den halben Löffel Honig darin lösen. Abschmecken – es sollte weder zu süß noch zu sauer sein. Das Dressing mit einem Löffelchen vorsichtig in die Mitte der aufgeschnittenen Feigen geben.

Pro Portion:
186 kcal/ 6,1 g Fett/ 16,3 g KH/ 29,5 % kcal aus Fett

Bohnen-Tomaten-Topf

Eine typisch italienische Gemüse-
suppe.

▶ **Für 2 Personen**
  ⏱ **25 Min.**
  1 Stange Lauch · 8 Tomaten · 200 g
  italienische Bohnenkerne (Dose) ·
  1 Knoblauchzehe · 1 EL Olivenöl ·
  750 ml Gemüsebrühe · 100 g Lachsschinken · 1 Bund Petersilie

- Den Lauch in Ringe schneiden, die
  Tomaten achteln.
- Den Knoblauch pressen und in Öl
  andünsten.
- Die Bohnen, den Lauch und die
  Tomatenachtel kurz mitdünsten.
  Brühe zugießen und 5 Minuten
  kochen.
- Den Lachsschinken in feine Streifen
  schneiden. Die Petersilie fein
  hacken.
- Die Suppe von der Kochstelle
  nehmen und den Lachsschinken
  sowie die Petersilie unterrühren.

Pro Portion:
337 kcal/ 11,2 g Fett/ 31,7 g KH/
29,9 % kcal aus Fett

◀ Bohnen-Tomaten-Topf

Zucchinisuppe mit Schinken

Hier kommt der feine Zucchini-
geschmack voll zur Geltung.

▶ **Für 4 Personen**
  ⏱ **20 Min.**
  800 g Zucchini · 1 Knoblauchzehe ·
  1 Zwiebel · 1 TL Olivenöl · 1 Pck. TK-
  Suppengrün · 500 ml Gemüsebrühe ·
  200 ml Milch (1,5 % Fett) · Salz,
  Pfeffer · 150 g Lachsschinken ·
  ½ Bund Kerbel · 4 EL saure Sahne ·
  4 Scheiben Ciabattabrot

- Die Zucchini putzen, waschen und
  in grobe Stücke schneiden.
- Knoblauch und Zwiebel abziehen.
  Den Knoblauch durchpressen, die
  Zwiebel in Würfel schneiden.
- Zwiebeln und Knoblauch in heißem
  Öl andünsten.
- Die Zucchinistücke und das
  Suppengrün dazugeben und kurz
  mitdünsten. Die Gemüsebrühe
  dazugießen, aufkochen und ca.
  5 Minuten leicht kochen.
- Die Suppe mit dem Schneidestab
  des Handrührgeräts grob pürieren.
  Die Milch einrühren und die Suppe
  mit Salz und Pfeffer abschmecken.
- Den Schinkenfettrand entfernen,
  den Schinken in Streifen schneiden.
  Die Kerbelblättchen abzupfen und
  mit den Schinkenstreifen und der
  sauren Sahne auf die Suppe geben.
- Mit Ciabatta servieren.

Pro Person:
252 kcal/ 6,5 g Fett/ 28,4 g KH/
23,2 % kcal aus Fett

Umbrische Fischsuppe

Die Mühe lohnt sich – ein echter
Genuss für jeden Fischliebhaber.

▶ **Für 4 Personen**
  ⏱ **1 Std.**
  2 EL Olivenöl · 4 Knoblauchzehen,
  gepresst · 2 Zwiebeln, fein gehackt ·
  150 g Fenchel, fein gewürfelt ·
  2 Stangen Staudensellerie, fein
  gewürfelt · ½ Bund glatte Petersilie,
  grob gehackt · 200 ml Fischfond ·
  800 g Tomaten (Dose) · 800 g ge-
  mischtes Fischfilet (z. B. Zander,
  Forelle) · Salz · Pfeffer aus der Mühle ·
  8 Scheiben Ciabatta

- Das Olivenöl in einem Topf erhitzen,
  Knoblauch, Zwiebeln, Fenchel und
  Sellerie bei mittlerer Hitze einige
  Minuten farblos andünsten; Petersilie zugeben und etwa 2 Minuten
  mitdünsten.
- Fischfond dazugießen und bei starker Hitze um die Hälfte einkochen.
- Tomaten und 500 ml Wasser zugeben, zum Kochen bringen und bei
  mittlerer Hitze etwa 10 Minuten
  bei geschlossenem Deckel kochen.
- Fischfilets waschen, trocken tupfen,
  in mundgerechte Stücke schneiden
  und salzen. In den Topf geben und
  10 – 12 Minuten ziehen lassen.
- Die Suppe mit Salz und Pfeffer abschmecken, mit Ciabatta servieren.

Pro Portion:
418 kcal/ 10,8 g Fett/ 31,7 g KH/
23,3 % kcal aus Fett

KLEINE GERICHTE

Tomatensuppe

Der Sellerie verleiht dieser Suppe die interessante Note.

▶ **Für 4 Personen**
⊙ **35 Min.**
1 Zwiebel, fein gewürfelt · 1 Knoblauchzehe, gepresst · 1 TL Olivenöl · 3 Stangen Staudensellerie, in feinen Scheiben · 600 g Strauchtomaten, geviertelt · 500 ml Wasser · 1 EL gekörnte Bio-Gemüsebrühe · 2 EL Tomatenmark · 1 EL Zucker · Salz · Pfeffer aus der Mühle · 8 Scheiben Ciabatta

– Das Olivenöl in einem Topf erhitzen und die Zwiebelwürfel zusammen mit dem Knoblauch kurz andünsten.
– Staudensellerie hinzugeben, einige Minuten mitdünsten.
– Tomatenviertel hinzufügen.
– Mit dem Wasser aufgießen, kurz aufkochen lassen, mit Gemüsebrühe, Tomatenmark, Zucker, Salz und Pfeffer aus der Mühle würzen und ca. 20 Minuten kochen lassen.
– Alles pürieren und heiß servieren.

Pro Portion:
75 kcal/ 2,4 g Fett/ 10 g KH/ 28,8 % kcal aus Fett

Paprikasuppe

Paprika eignet sich auch prima für Suppen, lassen Sie sich überraschen!

▶ **Für 4 Personen**
⊙ **30 Min.**
5 Schalotten, gewürfelt · 1 Knoblauchzehe, gepresst · 5 rote Paprika, gewürfelt · 2 TL Olivenöl · 1 l Gemüsebrühe · 1 Thymianzweig · Salz · schwarzer Pfeffer aus der Mühle · 1 TL Zucker · Thymian zum Garnieren · 4 Scheiben Ciabatta

– Schalotten, Knoblauch und Paprika im heißen Olivenöl farblos anschwitzen. Mit 100 ml Gemüsebrühe ablöschen und etwas einkochen lassen.
– Die restliche Brühe angießen, den Thymianzweig hinzufügen und ca. 15 Minuten köcheln lassen.
– Die Suppe mit einem Stabmixer pürieren und mit Salz, Pfeffer und Zucker abschmecken.
– In vier Schalen füllen und mit Thymian garniert servieren.
– Dazu Ciabatta reichen.

Pro Portion:
206 kcal/ 5,5 g Fett/ 31,7 g KH/ 24,0 % kcal aus Fett

Kartoffelsuppe deluxe

Eine Kartoffelsuppe kann auch raffiniert daherkommen.

▶ **Für 4 Personen**
⊙ **30 Min.**
500 g Kartoffeln · 1 Zwiebel · 1 l Gemüsebrühe · 250 g Hähnchenbrustfilet · 1 EL Olivenöl · 125 g Rucola · weißer Pfeffer · 100 g Galbani Ricotta 2 EL Amaretto · Saft und abgeriebene Schale einer unbehandelten Zitrone · Aceto-balsamico-Creme

– Die Kartoffeln waschen, schälen und würfeln. Die Zwiebel abziehen und in Ringe schneiden. Beides in einem Liter Gemüsebrühe ca. 15 Minuten weich kochen.
– Inzwischen das Hähnchenbrustfilet in Streifen schneiden, in Olivenöl anbraten und warm stellen.
– Rucola zur Suppe geben und alles gut pürieren. Ricotta unterrühren, mit Pfeffer, Zitronensaft und -schale würzen und mit Amaretto abschmecken.
– Das Hähnchenfleisch auf Spießchen ziehen, die Suppe in Tassen oder Gläser füllen, mit Aceto Balsamico Creme garnieren, den Spieß über das Glas legen und servieren.

Pro Person:
260 kcal/ 7,2 g Fett/ 24,2 g KH/ 24,9 % kcal aus Fett

Gemüsesuppe

Je nach vorhandenen Zutaten lässt sich die Suppe einfach variieren.

▶ **Für 2 Personen**
🕐 **40 Min.**
2 Stangen Lauch · 4 Möhren · 6 Kartoffeln · 1 kleiner Blumenkohl · 1 EL Olivenöl · 1 l Gemüsebrühe · Salz · Muskat · schwarzer Pfeffer aus der Mühle · 1 Bund Petersilie

- Das Gemüse putzen und waschen. Den Lauch in schmale Ringe, die Möhren in Scheiben schneiden. Die Kartoffeln schälen und in Würfel schneiden. Den Blumenkohl in Stücke schneiden.
- Alles in heißem Olivenöl andünsten und mit Gemüsebrühe ablöschen, etwa 12 Minuten kochen lassen.
- Mit Salz, Muskat und Pfeffer abschmecken.
- Die Petersilie von den Stielen zupfen, klein hacken und kurz vor dem Servieren auf die Suppe streuen.

Pro Portion:
382 kcal / 7,9 g Fett / 57,7 g KH / 18,6 % kcal aus Fett

Fenchel-Tomaten-Suppe

Wer es nicht so scharf mag, lässt einfach den Tabasco weg.

▶ **Für 2 Personen**
🕐 **35 Min.**
2 Fenchelknollen (400 g) · 2 Zwiebeln 1 EL Olivenöl · Paprikapulver, edelsüß · 1 Dose Tomaten (800 g) · 80 g Vollkornreis · Pfeffer · Tabasco · Salz · 1 EL getrocknetes Basilikum · frische Basilikumblätter

- Fenchel und Zwiebeln putzen und würfeln, dann in einem Topf mit heißem Olivenöl anbraten. Paprikapulver darüberstreuen.
- Die Tomaten mit Saft sowie den Reis dazugeben.
- Mit Pfeffer, Tabasco, Salz und dem getrockneten Basilikum würzen, aufkochen lassen und etwa 20 Minuten auf kleiner Flamme köcheln.
- Mit frischen Basilikumblättern anrichten.

Pro Portion:
316 kcal / 8,2 g Fett / 47,8 g KH / 23,4 % aus Fett

Minestrone mit Nudeln

Das Gemüse kann nach Geschmack und Jahreszeit variiert werden.

▶ **Für 4 Personen**
🕐 **40 Min.**
4 Stangen Staudensellerie · 2 Möhren · 3 Kartoffeln · 1 Zucchini · 1 Zwiebel · 2 EL Olivenöl · 75 g magere Schinkenwürfel · 2 Knoblauchzehen · 100 g weiße Bohnen (Dose) · 50 g kleine Maccaroni · Salz · Pfeffer · 1 l Gemüsebrühe · 2 EL Tomatenmark 2 EL Petersilie, gehackt

- Das Gemüse waschen, putzen und in kleine Würfel schneiden. Die Zwiebel- und die Schinkenwürfel in heißem Olivenöl andünsten, den Knoblauch dazupressen und die Gemüsewürfel hinzufügen. Alles unter Rühren ca. 5 Minuten dünsten und anschließend mit der Gemüsebrühe auffüllen und ca. 20 Minuten kochen lassen.
- Das Tomatenmark, die Bohnen und die Maccaroni hinzufügen, salzen und pfeffern und so lange weiterkochen, bis die Nudeln al dente sind.
- Mit gehackter Petersilie bestreuen und servieren.

Pro Portion:
252 kcal / 7,9 g Fett / 32 g KH / 28,2 % kcal aus Fett

Lachsnudeln mit Dill und Cocktailtomaten

Cremig, sahnig aber dennoch LowFett 30!

▶ **Für 4 Personen**

⊙ **20 Min.**

500 g Bandnudeln · 300 g Cocktailtomaten · 1 Bund Dill · 100 g Räucherlachs · 100 ml Gemüsebrühe · 250 g Galbani Ricotta · Pfeffer aus der Mühle

- In einem großen Topf reichlich leicht gesalzenes Wasser zum Kochen bringen und die Nudeln nach Packungsanweisung garen.
- Cocktailtomaten vierteln, Dill hacken. Den Räucherlachs in feine Streifen schneiden.
- Gemüsebrühe in einem kleinen Topf zum Kochen bringen, vom Herd nehmen und den Ricotta darin unter Rühren auflösen.
- Die Cocktailtomaten zur Sauce geben und ziehen lassen, Dill und Räucherlachs unterheben.
- Die Nudeln abgießen und die Sauce mit den heißen Nudeln vermischen und servieren.

Tipp

Wer nicht so gern Fisch isst, verwendet einfach Lachsschinken, dann aber bitte ohne Dill.

Pro Portion:
465 kcal / 9,8 g Fett / 70 g KH / 19,0 % kcal aus Fett

Basisrezept Nudelteig

Bitte nicht verzagen, falls der erste Versuch nicht gleich perfekt wird!

▶ **Für 4 Personen als Beilage**
🕐 **30 Min.**
350 g Mehl · 1 Ei · ca. 110 ml Wasser
etwas Salz

- Die Zutaten gut mischen und anschließend gut verkneten, bis ein geschmeidiger, elastischer Teig entsteht.
- Sollte der Teig zu trocken sein (zu kleines Ei), noch vorsichtig etwas lauwarmes Wasser hinzugeben – sehr vorsichtig, da es schnell zu viel sein kann!
- Ist der Teig jedoch zu feucht bzw. klebrig, noch etwas Mehl hinzugeben. Perfekt ist der Teig, wenn er nicht mehr an den Fingern kleben bleibt.
- Den Teig ausrollen und entsprechend dem Gericht zu Streifen, Quadraten z. B. für Panzelotti, Kreisen für Tortellini usw. verarbeiten.

Tipp

Bei Bandnudeln empfiehlt es sich, die Nudeln noch kurz im Hängen zu trocknen.

Pro Portion:
317 kcal/ 2,0 g Fett/ 64 g KH/
5,7 % kcal aus Fett

Bandnudeln mit grünem Spargel

Kerbel und Spargel –
eine feine klassische Note.

▶ **Für 2 Personen**
🕐 **30 Min.**
500 g grüner Spargel · 200 g Bandnudeln · Salz · 20 g Butter · 1 Bund Kerbel · 50 g Parmesan · schwarzer Pfeffer aus der Mühle

- Den grünen Spargel waschen, die holzigen Enden abschneiden. Die Spargelstangen im unteren Drittel schälen und in Stücke schneiden.
- Die Bandnudeln in gesalzenem Wasser bissfest garen. 4 Minuten vor Ende der Garzeit den Spargel zugeben.
- Den Kerbel waschen, trocken tupfen. Blättchen abzupfen und grob hacken. Parmesan auf der Haushaltsreibe grob raspeln. Die Nudeln und den Spargel abgießen und abtropfen lassen. Dabei etwas Kochwasser auffangen.
- Die Butter in einem Topf leicht bräunen, Nudeln und Spargel darin schwenken. Den gehackten Kerbel unterheben. Eventuell etwas Kochwasser zufügen. Mit schwarzem Pfeffer würzen und mit dem Parmesan bestreuen.

Pro Portion:
566 kcal/ 17,6 g Fett/ 75,6 g KH/
28,0 % kcal aus Fett

Spaghetti mit Pesto

Schmeckt genauso gut wie gekauftes Pesto – nur mit viel weniger Fett.

▶ **Für 4 Personen**
🕐 **20 Min.**
400 g Spaghetti · Salz · 1 großes Bund glatte Petersilie · ½ Bund Estragon · 1 Bund Basilikum · 1 große Knoblauchzehe · 3 EL Olivenöl · 60 ml Gemüsebrühe (Instant) · 2 EL trockener Weißwein · Pfeffer

- Die Spaghetti nach Packungsanleitung in reichlich Salzwasser bissfest kochen.
- Petersilie, Estragon und Basilikum abbrausen, trocken schütteln, Blättchen abzupfen und hacken. Knoblauchzehe abziehen. Kräuter und Knoblauch mit Olivenöl, Gemüsebrühe, Weißwein, etwas Salz und Pfeffer pürieren.
- Die Nudeln abgießen. Das Pesto über die Nudeln geben und gut vermischen.

Pro Portion:
456 kcal/ 10,4 g Fett/ 74,1 g KH/
20,5 % kcal aus Fett

Spaghetti mit Gemüsesauce

Eine leckere Alternative zur Bolognese.

▶ **Für 2 Personen**

⊙ **40 Min.**

3 kleine Möhren · 1 Stange Staudensellerie · 1 Kohlrabi · 6 Tomaten · 1 Zweig Thymian · 2 Zweige Oregano · 200 g Spaghetti · Salz · 1 EL Olivenöl · 1 EL Tomatenmark · abgeriebene Schale von einer unbehandelten Zitrone · 150 ml Tomatensaft · 1 Msp. Muskat · schwarzer Pfeffer · 1 Prise Zucker · 2 EL geriebener Parmesan

- Möhren, Staudensellerie und Kohlrabi putzen und in kleine Würfel schneiden.
- Die Tomaten über Kreuz einritzen, überbrühen und enthäuten. Das Fruchtfleisch entkernen und in Stücke schneiden.
- Die Kräuter von den Stielen zupfen und die Blätter fein hacken.
- Die Spaghetti in reichlich Salzwasser bissfest kochen.
- Das Öl in einem Topf erhitzen und die Gemüsewürfel darin anschwitzen. Das Tomatenmark, die abgeriebene Zitronenschale und den Tomatensaft dazugeben.
- Die Sauce mit Muskat, Pfeffer, Salz und Zucker abschmecken und etwa 10 Minuten köcheln. Die Gemüsestücke sollen noch Biss haben.
- Die Spaghetti abgießen, mit den Tomatenstücken mischen und auf 2 Teller verteilen. Die Sauce daraufgeben und mit Käse und gehackten Kräutern bestreuen.

TIPP

Statt frischer Tomaten können Sie auch welche aus der Dose nehmen.

Pro Portion:

580 kcal / 11,3 g Fett / 94,8 g KH / 17,5 % kcal aus Fett

Lasagne mit Linsenbolognese

Diese Lasagne zeigt die Vielseitigkeit von Linsen.

▶ **Für 4 Personen**

⊙ **30 Min., Backzeit: 35 Min.**

1 EL Olivenöl · 3 Möhren, fein gewürfelt · 1 Zwiebel, fein gewürfelt · 2 Knoblauchzehen, gepresst · 150 g rote Tellerlinsen Salz · Pfeffer aus der Mühle · 1 EL gekörnte Gemüsebrühe · 800 g stückige Tomaten, aus der Dose · 500 g passierte Tomaten, Packung · 300 ml Gemüsebrühe · 400 g Galbani Ricotta · 2 Zucchini, in feinen Scheiben · 12 Lasagneblätter · 125 g Galbani Mozzarella leicht, in Scheiben geschnitten

- Das Olivenöl in einem Topf erhitzen und Möhren, Zwiebel und Knoblauch unter Rühren ca. 4 Minuten andünsten. Linsen zugeben und weitere 4 Minuten dünsten. Mit Salz und Pfeffer würzen.
- Gekörnte Brühe, stückige Tomaten und passierte Tomaten hinzufügen, gut verrühren und alles ca. 20 Minuten köcheln lassen.
- Inzwischen die Gemüsebrühe in einem Topf erhitzen, Ricotta hinzufügen und gut verrühren.
- Den Boden einer Auflaufform mit etwas Linsensauce und Ricottasauce bedecken, 4 Lasagneblätter darauflegen, wieder mit Linsensauce und Ricottasauce bedecken.
- Die nächsten 4 Lasagneblätter auflegen und ebenso beschichten.
- Alles mit den letzten 4 Lasagneblättern bedecken, den Rest der Linsen- und der Ricottasauce daraufschichten und die Mozzarellascheiben obenauf verteilen.
- Die Lasagne im vorgeheizten Backofen bei 180 °C auf der mittleren Schiene für ca. 35 Minuten backen.

TIPP

Diese Lasagne können Sie statt mit Tellerlinsen auch mit 500 g Tatar zubereiten.

Pro Person:

730 kcal / 21,7 g Fett / 90,7 g KH / 26,8 % kcal aus Fett

Spaghetti Bolognese

Die beliebte Bolognesesauce schmeckt auch lecker zu Reis.

▶ **Für 4 Personen**
◷ **50 Min.**

1 Zwiebel · 1 Knoblauchzehe · 1 Möhre · 500 g Rinderhackfleisch · Salz, Pfeffer · 200 ml Gemüsebrühe (Instant) · 1 kleine Dose Tomatenmark (40 g) · 1 TL getr. Oregano · 1 Pck. Tomatenstücke mit Kräutern (400 g) · 1 Prise Zucker · 500 g Spaghetti

- Die Zwiebel und den Knoblauch schälen und fein würfeln. Die Möhre putzen, schälen und ebenfalls in feine Würfel schneiden.
- Das Hackfleisch in eine beschichtete Pfanne geben, langsam erhitzen und im eigenen Fett unter Rühren anbraten, dann salzen und pfeffern. Zwiebeln, Knoblauch und Möhren dazugeben und kurz mit braten.
- Den Pfanneninhalt mit der Brühe ablöschen, Tomatenmark, Oregano, die Tomatenstücke und das Tomatenketchup unterrühren. Alles aufkochen und etwa 40 Minuten offen einkochen lassen.
- Die Spaghetti in Salzwasser bissfest kochen, abgießen, abschrecken und zusammen mit der Hackfleischsauce servieren.

Pro Portion:
731 kcal/ 19,4 g Fett/ 95 g KH/ 23,9 % kcal aus Fett

Spaghetti alle vongole

Soll es milder sein: grünen statt roten Peperoncino nehmen.

▶ **Für 4 Personen**
◷ **45 Min., Ruhezeit: 2 Std.**

1,5 kg Venusmuscheln · 400 g Spaghetti · 2 Knoblauchzehen · 6 EL Olivenöl, extra vergine · 1 Peperoncino, fein geschnitten · Salz · 1 EL gehackte Petersilie

- Die Venusmuscheln waschen und in einer Schüssel mit reichlich kaltem Wasser etwa 2 Stunden ruhen lassen.
- Die Muscheln abtropfen, in eine Kasserolle füllen, 200 ml Wasser zugeben und zugedeckt bei starker Hitze so lange auf dem Herd lassen, bis sich alle öffnen. Die Muscheln abkühlen lassen, das Fleisch herauslösen. Den Sud durch ein Sieb filtern.
- In einer beschichteten Pfanne das Olivenöl erhitzen und die geschälten Knoblauchzehen mit Peperoncino und Salz anschwitzen. Die Knoblauchzehen entfernen. Die Pfanne vom Herd nehmen, Muscheln, Sud und Petersilie hinzufügen, gut verrühren und etwa 2 Minuten köcheln lassen.
- Spaghetti kochen, abgießen und in die Muschelsauce geben, gut verrühren, noch einmal kurz erhitzen und servieren.

Pro Portion:
798 kcal/ 22,6 g Fett/ 93,0 g KH/ 25,5 % kcal aus Fett

Thunfischpesto zu grünen Bandnudeln

Dieses extrem leckere Rezept ist gerade eben noch LowFett 30.

▶ **Für 4 Personen**
◷ **30 Min.**

25 g Walnusskerne · 2 Knoblauchzehen · ½ Bund Majoran · 1 Dose (185 g Fischeinwaage) Thunfisch-Filets in Olivenöl · 25 g frisch geriebener Parmesankäse · 2 EL Olivenöl · Salz, Pfeffer · 500 g grüne Bandnudeln

- Für das Pesto Walnüsse im Mixer mahlen.
- Den Knoblauch abziehen und grob zerkleinern.
- Majoran waschen, gut trocken schütteln und die Blätter von den Stängeln zupfen.
- Knoblauch und Majoran zu den Walnüssen geben und im Mixer pürieren. Thunfisch mit Öl und dem Käse unterarbeiten. Zum Schluss das Olivenöl untermixen und alles mit Salz und Pfeffer abschmecken.
- In der Zwischenzeit die Bandnudeln in Salzwasser bissfest garen. Pesto mit 5–8 Esslöffeln Spaghettikochwasser sämiger rühren. Die Bandnudeln abgießen und mit dem Pesto vermischen. Zum Schluss evt. mit Majoranblättchen bestreuen.

▶ **Dazu passt:**
Tomatensalat

Pro Portion:
690 kcal/ 23,0 g Fett/ 89 g KH/ 30,0 % kcal aus Fett

Spaghetti mit Miesmuscheln

Miesmuscheln statt Venusmuscheln, herzhafter und doch fein.

▶ **Für 4 Personen**
⊙ **ca. 1 Stunde**

1,5 kg Miesmuscheln · 800 g Tomaten, gewürfelt · Pfeffer · Salz · 5 EL Olivenöl, extra vergine · 1 Knoblauchzehe, gehackt · 250 ml Muschelsud · 1 EL gehackte, glatte Petersilie · 400 g Spaghetti

- Die Muscheln waschen, abbürsten, die Bärte entfernen, geöffnete Muscheln aussortieren. In einer großen beschichteten Pfanne, mit geschlossenem Deckel und mit Wasser bedeckt, so lange bei starker Hitze auf dem Herd lassen, bis die Muscheln sich öffnen, geschlossene aussortieren.
- Das Muschelfleisch auslösen und auf einen Teller legen, die Schalen wegwerfen. Den Kochsud durch ein Sieb filtern und beiseitestellen.
- In einer Pfanne in heißem Olivenöl den Knoblauch und die Tomaten zum Kochen bringen und ein Prise Salz darüberstreuen. Den Muschelsud zugeben und etwa 20 Minuten einkochen.
- Spaghetti in Salzwasser al dente kochen.
- Das Muschelfleisch, die Petersilie und die Spaghetti in die Sauce geben, umrühren und etwas ziehen lassen. Mit Pfeffer aus der Mühle würzen und servieren.

Pro Portion:
776 kcal/ 24,0 g Fett/ 85 g KH/ 27,8 % kcal aus Fett

HAUPTGERICHTE

Pasta mit Quarkpesto

Erstaunlich, was man mit Quark alles machen kann.

▶ **Für 4 Personen**
◷ **20 Min.**
1 Bund Basilikum · 10 g Pinienkerne · 1 Knoblauchzehe · 1 EL geriebener Parmesan · 250 g Magerquark · Salz, Pfeffer · 400 g Pasta

- Das Basilikum klein schneiden, mit den Pinienkernen, der abgezogenen Knoblauchzehe und dem Parmesan pürieren.
- Den Quark unterrühren, mit Salz und Pfeffer abschmecken.
- Die Nudeln nach Packungsanleitung in reichlich Salzwasser kochen, abgießen und mit dem Pesto servieren.

Tipp
Statt Quark geht natürlich auch Ricotta.

Pro Person:
422 kcal/ 3,4 g Fett/ 73 g KH/ 7,3 % kcal aus Fett

Tortellini mit Petersilienpesto

Ein ganz neuer Pestogeschmack – Petersilie statt Basilikum.

▶ **Für 4 Personen**
◷ **30 Min.**
5 Zwiebeln · 350 g Möhren · 150 g Schinken ohne Fettrand · 1 EL Sonnenblumenöl · 1 EL Tomatenmark · 3 EL gekörnte Gemüsebrühe · 400 g Tortellini · 300 g TK-Erbsen · 1 Bund Petersilie · 100 g Parmesan · 2 Knoblauchzehen · 4 – 6 EL Gemüsebrühe

- Die Zwiebeln abziehen und in Achtel schneiden. Möhren putzen, waschen und in Scheiben schneiden. Den Schinken in kleine Würfel schneiden.
- In einer hohen, beschichteten Pfanne das Öl heiß werden lassen. Gemüse und Schinken anbraten. Tomatenmark zufügen, 2 Liter Wasser zugießen, zum Kochen bringen und die gekörnte Gemüsebrühe darin auflösen. Tortellini zugeben und 10 Minuten kochen. Erbsen zufügen und weitere 5 Minuten kochen.
- Die Petersilie abbrausen, trocken schütteln, Blättchen von den Stielen zupfen und klein hacken.
- Parmesan fein reiben, Knoblauchzehen abziehen und zerdrücken. Mit so viel Brühe verrühren, bis das Pesto die gewünschte Konsistenz hat, und zum Eintopf servieren.

Pro Portion:
620 kcal/ 18,5 g Fett/ 74 g KH/ 26,9 % kcal aus Fett

Tortelloni in Kerbelcreme

Die Soße schmeckt auch gut zu extrabreiten Bandnudeln.

▶ **Für 4 Personen**
◷ **15 Min.**
800 g frische Tortelloni (mit Käse gefüllt) · Salz · 250 g Galbani Ricotta · 250 ml Gemüsebrühe (Instant) · 150 g TK-Erbsen · 1 Spritzer Zitronensaft · 1 EL Weißwein · 1 Handvoll Kerbelblättchen · Muskat · Pfeffer aus der Mühle

- Die Tortelloni gemäß Packungsanweisung kochen.
- Die Brühe in einem Topf erhitzen und den Ricotta unter Rühren darin auflösen. Die Erbsen hinzufügen und mit erhitzen. Mit Zitronensaft, Weißwein, Muskat und frisch gemahlenem Pfeffer abschmecken. Die Kerbelblättchen unterrühren.
- Die abgetropften Tortelloni in der Sauce schwenken und servieren.

Tipp
Statt Kerbel können Sie auch Basilikum verwenden.

Pro Person:
715 kcal/ 17,6 g Fett/ 108 g KH/ 22,2 % kcal aus Fett

Polenta

In Italien der Beilagenklassiker zu Wildgerichten.

▶ **Für 4 Personen**
20 Min. ⊙ **150 ml Milch**
600 ml Wasser · Salz · 200 g Polentagrieß · 3 EL Parmesan ·
2 EL gehackte Petersilie

- Milch und Wasser aufkochen, kräftig salzen und den Polentagrieß einrühren.
- Parmesan unterrühren, etwa 15 Minuten quellen lassen und mit Petersilie garniert servieren.

Pro Portion:
221 kcal / 3,5 g Fett / 38,9 g KH / 14,3 % kcal aus Fett

Polenta-Kräuter-Schnitten

Je nach Geschmack mit Kräutern variieren.

▶ **Für 20 Polenta-Schnitten**
⊙ **45 Min.**
400 ml Wasser · 140 g Polenta (Maisgrieß) · 2 EL gefriergetrocknete Kräuter · 1 EL frische, gehackte Petersilie · 1 EL frischer, gehackter Schnittlauch · 1 EL Olivenöl · Salz und Pfeffer

- Das Wasser leicht salzen und in einem größeren Topf zum Kochen bringen, Hitze zurücknehmen.
- Die Polenta (Maisgrieß) ins kochende Wasser einrieseln lassen und dabei ständig rühren. Die Kräuter dazugeben.
- Die Polenta ca. 10 Minuten auf kleinster Stufe quellen lassen, dabei mehrmals umrühren.
- Zum Schluss die Polenta ca. 1,5 cm dick auf Backpapier streichen, 20 Minuten fest werden lassen und längliche Schnitten daraus schneiden.

Pro Schnitte:
30 kcal / 0,7 g Fett / 5,2 g KH / 21,0 % kcal aus Fett

TIPP

Polenta: die richtige Zubereitung

Die traditionelle Zubereitung von Polenta ist simpel, jedoch kraft- und zeitintensiv. Der Maisgrieß wird zunächst langsam in gesalzenes, kochendes Wasser eingerührt. Danach heißt es rühren – in regelmäßigen Abständen und immer in die gleiche Richtung. Die Polenta wird so schön gleichmäßig und cremig. Wenn sie sich vom Kessel löst, ist die Polenta fertig. Während des Garprozesses hinterlässt Polenta eine Kruste an den Wänden des Kochtopfes. Diese wurde früher am Folgetag in Milch getunkt und zum Frühstück gegessen. Heute dient sie als Snack für Zwischendurch.

In Italien wird Polenta auch heute noch auf die ursprüngliche Art zubereitet, aber glücklicher Weise gibt es inzwischen eine schnellere Alternative. In den meisten Supermärkten erhält man heute vorgegarten Polentagrieß. Die Zubereitung bleibt im Grunde die gleiche, verkürzt sich aber auf etwa 15 Minuten.

Polenta kann auf viele unterschiedliche Arten serviert werden. Klassischer Weise wird sie im warmen Zustand auf ein Brett gestrichen und von dort direkt gegessen. Häufig wird Polenta mit Parmesan, Pilzen, Kräutern oder Speck und Zwiebeln garniert.

Sie können Polenta auch auf ein Blech streichen, auskühlen lassen und in Stücke geschnitten als Suppeneinlage verwenden oder in Olivenöl anbraten und als Beilage reichen.

Heute wird Polenta auch oft cremig serviert, also direkt nach dem Garen. Sie können Polenta mit den unterschiedlichsten Aromen und Gewürzen verfeinern.

Auch für Süßspeisen ist Polenta geeignet. Dann sollte im Garwasser aber natürlich kein Salz sondern Zucker verwenden. Auch die süßen Polenta-Variationen können in der Pfanne angebraten werden. Dazu schmecken zum Beispiel Fruchtkompott und Eiscreme. Sie können süße Polenta auch pur ähnlich wie Grießbrei genießen.

Gnocchi in Gemüsesauce

Wer mag, kann Tatar mitbraten.

▶ **Für 4 Personen**
⊘ **25 Min.**
1 Kohlrabi · 500 g Möhren · 200 g
Zuckerschoten · 1 Bund Frühlingszwiebeln · 1 EL Sonnenblumenöl ·
1 EL gekörnte Gemüsebrühe ·
150 g (Buttermilch-) Frischkäse
(0,2 % F.) · 500 g Gnocchi (Fertigprodukt) · 3 EL gehackte Petersilie

- Das Gemüse putzen bzw. schälen
  und waschen. Den Kohlrabi und die
  Möhren in Stifte schneiden. Die
  Zuckerschoten halbieren, die Frühlingszwiebeln in Ringe schneiden.
- Das Öl in einem Topf heiß werden
  lassen, das Gemüse dazugeben und
  ca. 4 Minuten dünsten. 200 ml
  Wasser, die gekörnte Brühe und
  den Frischkäse dazugeben, unterrühren und 5 Minuten zugedeckt
  garen.
- Die Gnocchi dazugeben, in der Gemüsesauce heiß werden lassen und
  mit Petersilie bestreut servieren.

Tipp

Die Gemüsesauce kann auf Vorrat
zubereitet werden, da sie sich gut
einfrieren lässt.

Pro Person:
319 kcal/ 4,4 g Fett/ 58,3 g KH/
12,4 % kcal aus Fett

◀ Gnocchi mit Tomaten und Salbei

Gnocchi mit Tomaten und Salbei

Wenn es schnell gehen soll, tun es
auch kochfertige Gnocchi.

▶ **Für 4 Personen**
⊘ **45 Min.**
750 g mehlig kochende Kartoffeln ·
750 g Tomaten · 1 Zwiebel, gewürfelt ·
2 EL Butter · Salz, Pfeffer · 175 g Mehl ·
12 Salbeiblätter · 50 g Parmesan

- Die Kartoffeln mit Schale ca.
  25 Minuten weich kochen.
- Die Tomaten kreuzweise einschneiden, überbrühen, häuten, entkernen und in Würfel schneiden.
- In einem Topf 1 TL Butter erhitzen
  und die Zwiebelwürfel darin glasig
  dünsten. Die Tomatenwürfel hinzufügen, salzen, pfeffern und unter
  Rühren ca. 10 Minuten einkochen.
- Die Kartoffeln pellen, heiß durch
  eine Presse drücken und salzen.
  Das Mehl nach und nach zu einem
  geschmeidigen Teig unterkneten.
  Den Teig in mehreren Portionen zu
  fingerdicken Rollen formen und in
  2 – 3 cm lange Stücke schneiden.
- Die Gnocchi portionsweise in
  kochendem Salzwasser gar ziehen
  lassen.
- Die restliche Butter erhitzen, den
  Salbei hinzugeben und die abgetropften Gnocchi darin schwenken.
  Mit Tomatensauce anrichten und
  Parmesan darüberstreuen.

Pro Person:
410 kcal/ 8,8 g Fett/ 66,4 g KH/
19,3 % kcal aus Fett

Gnocchi-Auflauf

Dazu ein frischer Salat – perfekt!

▶ **Für 2 Personen**
⊘ **30 Min.**
400 g Gnocchi (Fertigprodukt) ·
Salz · 200 ml Milch (1,5 % F.) ·
100 g Schmelzkäse (20 % F. i. Tr.) ·
1 TL gekörnte Gemüsebrühe ·
1 Prise Muskat · 1 EL Speisestärke ·
150 g passierte Tomaten ·
200 g frische Champignons

- Die Gnocchi nach Packungsanleitung zubereiten. Abgießen und
  abtropfen lassen.
- Den Backofen auf 200 °C vorheizen.
- Die Milch in einem Topf erwärmen,
  den Schmelzkäse stückchenweise
  zugeben und unter Rühren auflösen. Mit der gekörnten Brühe und
  Muskat würzen.
- Speisestärke in etwas Wasser auflösen, dann in die Käsesauce einrühren und einmal aufkochen
  lassen. Die passierten Tomaten hinzufügen und alles gut durchrühren.
- Die Champignons waschen und in
  Scheiben schneiden, mit den
  Gnocchi vermischen und beides
  zusammen in eine feuerfeste Form
  (etwa 25 cm lang) geben.
- Die Sauce über die Gnocchi gießen
  und etwa 15 Minuten im Ofen
  goldbraun überbacken.

Pro Portion:
571 kcal/ 8,7 g Fett/ 92,3 g KH/
13,7 % kcal aus Fett

HAUPTGERICHTE

Kräuterrisotto

Passt gut zu gegrilltem Fisch und Hähnchenfleisch.

▶ **Für 4 Personen**

◷ **45 Min.**

200 g Kräuter (Basilikum, glatte Petersilie, Schnittlauch, etwas Minze, Kerbel) · 250 g Risottoreis · 1 Zwiebel, fein gewürfelt · 50 g magere Schinkenwürfel · 2 EL Olivenöl · 500 ml Gemüsefond · 2 Tomaten, entkernt, enthäutet und gewürfelt · 4 EL geriebenen Parmesan · Salz · schwarzer Pfeffer aus der Mühle

- Blätter von den Kräutern zupfen und in kochendem Salzwasser blanchieren. Mit einem Schaumlöffel herausnehmen, in Eiswasser abschrecken, abtropfen lassen und pürieren.
- Reis waschen und abtropfen lassen.
- Zwiebel- und Schinkenwürfel in heißem Olivenöl andünsten, Reis dazugeben und unter Rühren mit andünsten.
- Heiße Gemüsebrühe nach und nach angießen und den Reis unter stetigem Rühren quellen lassen.
- Tomatenwürfel, pürierte Kräuter und Parmesan unterrühren, mit Salz und Pfeffer abschmecken.

Pro Portion:
358 kcal/ 10,7 g Fett/ 52,4 g KH/ 26,9 % kcal aus Fett

Kürbisrisotto

Am besten für diesen Risotto geeignet ist der italienische Kürbis »Langer von Napoli«.

▶ **Für 4 Personen**

◷ **45 Min.**

1 Schalotte, gehackt · 1 TL Salz · 1 EL Olivenöl, extra vergine · 400 g Kürbisfleisch, fein gewürfelt · 400 ml Fleischbrühe · 300 g Risottoreis · 2 EL Butter · 3 EL geriebener Parmesan

- Schalotte mit dem Salz in heißem Olivenöl in einer tiefen Pfanne oder einem Topf glasig anschwitzen.
- Kürbiswürfel hinzufügen, die Fleischbrühe angießen und etwa 30 Minuten bei geschlossenem Deckel köcheln lassen.
- Wenn der Kürbis schön cremig ist, den Reis hinzufügen, gut umrühren und weiter garen, ab und zu etwas heißes Wasser oder heiße Fleischbrühe zugeben.
- Wenn der Reis gar ist, Butter und Parmesan unterrühren und servieren.

Pro Portion:
405 kcal/ 12,2 g Fett/ 63,5 g KH/ 27,1 % kcal aus Fett

TIPP

So bereitet man Risotto zu

Ein Risotto braucht mindestens 30 Minuten und muss immer à la minute zubereitet werden.

Nur besten Risottoreis verwenden; Carnaroli mit länglichen Körnern eignet sich für Fischrisotto, Arborio ist rundkörnig und schmeckt zu Gemüse oder Fleisch; Vialone nano hat kleine, runde Körner.

Ob Gemüse-, Geflügel- oder Fleischfond, die Brühe muss immer kochend heiß angegossen werden, damit der Kochvorgang nicht unterbrochen wird.

Offen im Topf köcheln und immer wieder umrühren, sonst setzt der Risotto an. Der Reis sollte so feucht und cremig sein, dass er ganz leicht aus dem Topf rutscht.

Risotto Primavera

Edel und in kleinerer Portionsmenge auch solo fein als Zwischengang.

- Den weißen Spargel schälen und die Enden abschneiden. Vom grünen Spargel nur die Enden schneiden. Die Spargelspitzen abschneiden und beiseitelegen. Die Spargelstangen in etwa 1 cm große Stücke schneiden.
- Die Möhren schälen und in 1 cm große Würfel schneiden. Die Schalotten und den Knoblauch schälen und in feine Würfel schneiden.
- Den Gemüsefond in einem kleinen Topf erhitzen.
- In einem großen Topf 20 g Butter schmelzen. Die Schalotten und den Knoblauch darin glasig dünsten, die Gemüsewürfel zugeben und mitdünsten. Reis unterrühren und ebenfalls kurz andünsten, salzen und pfeffern.
- Den Wein angießen und einkochen lassen. Heißen Gemüsefond zugeben, sodass der Reis knapp bedeckt ist. Etwa 20 Minuten unter Rühren köcheln lassen und immer wieder etwas heißen Gemüsefond unterrühren, bis der Risotto schön cremig ist.
- Gegen Ende der Garzeit die Erbsen unterrühren.
- Die Spargelspitzen längs halbieren. In einer Pfanne 10 g Butter erhitzen. Die weißen Spargelspitzen darin einige Minuten bissfest braten, die grünen Spargelspitzen hinzufügen und kurz mit anbraten. Mit Salz und Pfeffer würzen, etwas Wasser dazugeben und die Spargelspitzen einige Minuten fertig garen.
- Risotto von der Herdplatte nehmen und Parmesan unterrühren. Die Kerbelblätter fein schneiden und unterheben. Risotto mit den Spargelspitzen in tiefen Tellern anrichten.

Pro Portion:
402 kcal / 11,6 g Fett / 56 g KH / 26,0 % kcal aus Fett

▶ **Für 4 Personen**
⊘ **40 Min.**

100 g weißer Spargel
100 g grüner Spargel
100 g junge Möhren
 2 Schalotten
 1 Knoblauchzehe
 1 l Gemüsefond
 30 g Butter
250 g Risottoreis
100 ml Weißwein
100 g Erbsen (tiefgekühlt)
 Meersalz
 60 g geriebener Parmesan
 1 Handvoll Kerbelblätter
 Pfeffer aus der Mühle

Tomatenrisotto

Durch die Tomaten schmeckt dieser Risotto besonders fruchtig und leicht.

▶ **Für 4 Personen**

⊙ **45 Min.**

300 g gelbe und rote kleine Tomaten · 2 EL Rotweinessig · 2 EL Olivenöl · Salz und Pfeffer aus der Mühle · 300 g Risottoreis · 1 Zwiebel, fein gehackt · 1 Knoblauchzehe, gepresst · 100 ml Weißwein · 500 ml Gemüsefond · 100 g Galbani Ricotta · 3 EL Parmesan, gerieben · 1 Bund Basilikum, grob gehackt

- Die Tomaten vierteln und in Rotweinessig und 1 Esslöffel Olivenöl marinieren, mit Salz und Pfeffer würzen.
- Den Reis waschen, bis das Wasser klar bleibt, und gut abtropfen lassen.
- Die Zwiebel und den Knoblauch in einem Esslöffel Öl unter Rühren andünsten, aber nicht braun werden lassen. Den Reis zugeben und unterrühren, kurz mitdünsten. Mit Weißwein ablöschen und die Flüssigkeit einkochen. Nun mit etwas Gemüsefond ablöschen und zwei Drittel der Tomaten unterrühren.
- Nach und nach den Gemüsefond zugeben, bei kleiner Flamme immer gut umrühren, bis alle Flüssigkeit aufgesogen ist. Der Reis soll weich sein, aber noch etwas Biss haben.
- Ricotta und Parmesan unterrühren und die restlichen Tomaten mit dem Basilikum unterheben. Kurz ruhen lassen und dann servieren.

Variieren Sie dieses Rezept, indem Sie 2 Stangen fein gewürfelten Staudensellerie mitdünsten.

Pro Person:

451 kcal / 13,1 g Fett / 64,8 g KH / 26,1 % kcal aus Fett

Risotto mit Zucchini und Garnelen

Dieser Risotto kann auch mit Krebsfleisch oder Muscheln zubereitet werden.

▶ **Für 4 Personen**

⊙ **1 Std.**

3 EL Olivenöl · 1 Zwiebel, gehackt · 1 TL Salz · 350 g Zucchini, in Scheiben · 2 EL gekörnte Gemüsebrühe · 300 g Risotto Reis · 1 l heißes Wasser · Pfeffer aus der Mühle · 2 EL Olivenöl 12 Riesengarnelen, geschält, ohne Darm · 1 Knoblauchzehe · 1 Prise Salz · 1 Handvoll glatte Petersilie, gehackt

- Einen Esslöffel Olivenöl in einer großen beschichteten Pfanne erhitzen und darin die Zwiebelwürfel mit dem Salz anschwitzen. Zucchinischeiben hinzufügen unter Rühren kurz mit andünsten, mit einer Kelle Wasser (ca. 100 ml) ablöschen und die gekörnte Gemüsebrühe unterrühren. Mit geschlossenem Deckel bei mäßiger Hitze ca. 15 Minuten kochen.
- Wenn das Gemüse eingekocht ist den Reis zugeben und unter Rühren garen, immer wieder eine Kelle heißes Wasser angießen.
- Inzwischen die restlichen 2 Esslöffel Olivenöl in einer Pfanne erhitzen, den Knoblauch darin anschwitzen, die Garnelen und die Kräuter zugeben, salzen und unter Rühren etwa 5 Minuten braten.
- Die Garnelen zu dem inzwischen garen Reis geben, umrühren, mit Pfeffer aus der Mühle würzen und servieren.

Pro Portion:

616 kcal / 19,0 g Fett / 63,2 g KH / 27,8 % kcal aus Fett

▶ Risotto mit Zucchini und Garnelen

Waldpilzrisotto

Schmeckt auch nur mit einer Pilz-
sorte – besonders mit Steinpilzen.

▶ **Für 4 Personen**
🕑 **45 Min., Einweichzeit: über Nacht**
50 g getrocknete Waldpilze ·
400 g frische Waldpilze · 250 g Risottoreis · 1 EL Olivenöl · Salz · Pfeffer
aus der Mühle · ½ TL gem. Kümmel ·
400 ml Waldpilzfond · 150 g magere
Schinkenwürfel · 1 EL Butter · Petersilie

▬ Die getrockneten Pilze mit heißem
Wasser übergießen und über Nacht
einweichen.
▬ Die frischen Pilze putzen und in
schmale Streifen schneiden.
▬ Den Reis in heißem Olivenöl andünsten, die eingeweichten Pilze
mit der Flüssigkeit nach und nach
zugeben, salzen, pfeffern und mit
Kümmel würzen. Immer wieder
eine Schöpfkelle heißen Fond unterrühren, bis der Risotto weich ist.
▬ Die frischen Pilze zusammen mit
den Schinkenwürfeln in etwas
Butter möglichst scharf anbraten,
alles unter das Risotto heben und
mit Petersilie bestreut servieren.

Pro Portion:
351 kcal/ 9,5 g Fett/ 48,9 g KH/
24,4 % kcal aus Fett

Risi e Bisi (Erbsenrisotto)

Der Klassiker aus der
venezianischen Küche.

▶ **Für 4 Personen**
🕑 **50 Min.**
1 Zwiebel, gehackt · 1 TL Salz ·
2 EL Olivenöl · 350 g Erbsen, tiefge-
froren · 2 EL gehackte glatte Petersilie
1 l Fleischbrühe · 300 g Risottoreis ·
1 EL Butter · 3 EL geriebenen
Parmesan · Pfeffer aus der Mühle

▬ Die Zwiebeln zusammen mit dem
Salz in einer großen, tiefen Pfanne
in Olivenöl glasig anbraten. Die
gefrorenen Erbsen zugeben und bei
mäßiger Hitze etwa 15 Minuten
köcheln lassen.
▬ Die Petersilie und die Brühe zufügen, kurz aufkochen lassen und
den Reis einrühren. Unter ständi-
gem Rühren etwa 30 Minuten
köcheln lassen. Wenn nötig, etwas
heiße Fleischbrühe oder heißes
Wasser angießen.
▬ Wenn der Reis gar ist, Butter und
Parmesan unterrühren und mit
schwarzem Pfeffer aus der Mühle
würzen.

Pro Portion:
493 kcal/ 14,6 g Fett/ 71,2 g KH/
26,7 % kcal aus Fett

Risotto mit grünem Spargel

Der Thymian gibt diesem Gericht
die besondere Note.

▶ **Für 4 Personen**
🕑 **30 Min.**
3 Schalotten, gewürfelt · 2 EL Olivenöl · 250 g Risottoreis · 100 ml Weißwein · 1 Thymiansträußchen ·
1 Lorbeerblatt · 400 ml Gemüsebrühe
Salz · 200 g grüner Spargel, in mund-
gerechten Stücken · 2 EL Parmesan,
gerieben · schwarzer Pfeffer aus der
Mühle · weißer Balsamico

▬ Schalotten im Olivenöl anschwitzen. Reis hinzufügen und unter
Rühren mit anschwitzen, bis er
glasig ist. Mit Wein ablöschen,
Thymian und Lorbeer zufügen und
für 2 Minuten köcheln lassen.
▬ Gemüsebrühe angießen, mit Salz
und Pfeffer würzen, gut umrühren
und die Spargelstücke unterheben.
15 Minuten köcheln lassen, dabei
immer wieder umrühren.
▬ Thymian und Lorbeer aus dem
Risotto nehmen, den Parmesan
unterrühren, mit Salz, Pfeffer aus
der Mühle und nach Belieben mit
weißem Balsamico abschmecken
und heiß servieren.

Pro Portion:
326 kcal/ 8,1 g Fett/ 50,5 g KH/
22,4 % kcal aus Fett

Tomaten mit Risonifüllung

Hier ist das Gemüse die Hauptsache.

▶ **Für 4 Personen**

⊙ **1 Stunde**

80 g Risoni (Reisnudeln) · Salz · 4 Fleischtomaten · Pfeffer · Zucker · ½ Fenchelknolle · 1 kleine rote Zwiebel · 1 EL Olivenöl · 100 g Magerquark · 1 EL Mehl · 50 g Parmesan gerieben · 1 Pr. getr. Chiliflocken

- Backofen auf 180 °C vorheizen.
- Die Nudeln nach Packungsanleitung in kochendem Salzwasser garen, abgießen und abtropfen lassen.
- Inzwischen von den Tomaten den Deckel abschneiden und aushöhlen, mit Salz, Pfeffer und etwas Zucker würzen. Das Fruchtfleisch mit Salz, Pfeffer und etwas Zucker würzen und pürieren.
- Den Fenchel würfeln, das Grün hacken. Fenchel- und Zwiebelwürfel in einem Esslöffel Öl anbraten, das Fenchelgrün und die Nudeln zugeben, mit Magerquark, Mehl und Parmesan verrühren und mit Salz, Pfeffer aus der Mühle und etwas Chilipulver würzen.
- Die Tomaten mit der Nudelmischung füllen und in eine feuerfeste Form setzen. Das Tomatenpüree drumherum gießen und alles für ca. 20 Minuten im Ofen garen.

Pro Portion:
231 kcal / 7,7 g Fett / 25,5 g KH / 30,0 % kcal aus Fett

Rote-Bete-Risotto

Passt besonders gut zu Hähnchenfleisch.

▶ **Für 4 Personen**

⊙ **40 Min.**

450 ml Gemüsefond · 3 Zwiebeln, fein gewürfelt · 1 EL Olivenöl · 250 g Risottoreis · 100 ml Weißwein · 250 g gekochte Rote Bete, ohne Schale · ½ Bund Schnittlauch, in feinen Röllchen · 3 EL ger. Parmesankäse · 2 EL Butter · Salz · schwarzer Pfeffer aus der Mühle

- Die Brühe aufkochen und warm halten.
- Das Olivenöl in einem Topf erhitzen und die Zwiebeln darin bei mittlerer Hitze leicht bräunen lassen. Den Reis hinzufügen und kurz mit andünsten. Mit Weißwein ablöschen und bei mittlerer Hitze unter häufigem Rühren einkochen lassen. Brühe angießen und etwa 20 Minuten weiter garen. Nach und nach die restliche Brühe angießen.
- Die Roten Beten in 1 cm große Würfel schneiden und 5 Minuten vor Ende der Garzeit unter den Reis mischen.
- Butter und Parmesan unter den Risotto heben. Mit Salz und Pfeffer aus der Mühle würzen, mit Schnittlauch bestreut servieren.

Tipp

Rote Bete gibt es bereits gegart und vakuumverpackt in der Kühl- oder Gemüsetheke.

Pro Portion:
362 kcal / 9,7 g Fett / 55,4 g KH / 24,1 % kcal aus Fett

Basis-Pizza-Teig

Dieser Pizzaboden bildet die Grundlage
für eine typische italienische Pizza.

▶ **Für 1 Backblech/4 Personen**
⏲ **60 Min.**
300 g Mehl · 20 g frische Hefe · 125 ml lauwarmes Wasser ·
½ TL Salz · 2 EL Olivenöl

- Das Mehl in eine Schüssel sieben, in die Mitte eine Vertiefung drücken, die Hefe hineinbröckeln und mit dem lauwarmen Wasser auflösen.
- Den Vorteig mit etwas Mehl bestreuen und mit einem Tuch zugedeckt an einem warmen Ort etwa 15 Minuten gehen lassen.
- Wenn der Vorteig gut gegangen ist, zeigt er deutliche Risse. Nun das Salz und das Olivenöl zufügen und alles zu einem glatten, luftigen Teig schlagen. Am besten geht das mit dem elektrischen Handrührgerät oder mit der Küchenmaschine.
- Den Teig auf einer mit Mehl bestäubten Arbeitsfläche gleichmäßig dick ausrollen und auf ein mit Backpapier belegtes Backblech geben. Den Teig mit einer Gabel mehrmals einstechen, damit er beim Backen keine Blasen wirft.
- Nach Belieben belegen, dann noch einmal 10–15 Minuten gehen lassen. Im vorgeheizten Backofen bei 200 °C auf der mittleren Schiene ca. 18–20 Minuten backen.

Pro Blech:
1300 kcal/ 27,2 g Fett/ 223 g KH/ 18,8 % kcal aus Fett

Pizza vegetale

Diese Gemüsepizza lässt sich nach Belieben
und vorhandenem Gemüse variieren.

▶ **Für 4 Personen**
⏲ **1½ Std.**
Teig: siehe Basis-Pizza-Teig
Belag: 1 Dose geschälte Tomaten (400 g) · 1 Zwiebel ·
1 Knoblauchzehe · 1 EL Butter · Salz, Pfeffer · 2 Spritzer
milder Tabasco · 2 EL Pizzagewürz · je 1 große grüne und
rote Paprikaschote · 250 g Champignons · 1 EL getr. Oregano
100 g ger. Gouda (30 % F. i.Tr.)

- Den Teig nach Anleitung zubereiten, auf einem Backblech ausrollen und in die Ecken drücken.
- Den Backofen auf 200 °C vorheizen. Die Tomaten in ein Sieb schütten und den Saft auffangen. Die Tomaten klein schneiden.
- Die Zwiebel und den Knoblauch häuten und fein hacken, in der Butter glasig andünsten. Mit dem Tomatensaft ablöschen, die Tomatenstücke dazugeben. Die Sauce mit Salz, Pfeffer, Tabasco und dem Pizzagewürz würzen und etwas einkochen lassen.
- Die Paprikaschoten waschen, halbieren, entkernen und in feine Würfel schneiden. Die Champignons putzen und in Scheiben schneiden.
- Die Sauce auf dem Teig verteilen, Paprikawürfel und Pilzscheiben getrennt in etwa 4 cm breiten Streifen auf der Sauce verteilen, mit Salz, Pfeffer und Oregano würzen. Den Käse darüber streuen und die Pizza im heißen Ofen auf der mittleren Schiene etwa 30 Minuten backen.

Tipp

Statt Pizzagewürz können Sie auch die italienischen Kräuter verwenden, die Sie auf Vorrat in Ihrer Küche haben.

Pro Portion:
467 kcal/ 14 g Fett/ 63 g KH/ 27,0 % kcal aus Fett

Tomatenpizza mit Rucola

Nicht nur wegen der Farben – Grün, Rot, Weiß –
eine Pizza, wie die Italiener sie lieben.

- Die Zwiebel schälen, in kleine Würfel schneiden und mit gehacktem Knoblauch in einem kleinen Topf bei milder Hitze in 1 EL Olivenöl glasig anschwitzen, die Tomatenstücke hinzufügen und 15 – 20 Minuten köcheln lassen. Mit Oregano, Salz und Chili abschmecken.
- Rucola waschen, die Stiele entfernen.
- Den Backofen auf 250 °C vorheizen. Ein tiefes Backblech oder 2 kleine Pizzaformen mit etwas Öl einpinseln.
- Den Teig auf einer bemehlten Arbeitsfläche zu einer Platte ausrollen und dann das Backblech oder die Pizzaformen damit auslegen.
- Die Tomatensauce auf dem Teig verteilen. Die frischen Tomaten in dünne Scheiben schneiden, auf die Pizza legen, leicht salzen und pfeffern. Den Mozzarella in Scheiben schneiden und darauflegen.
- Auf der untersten Einschubleiste im vorgeheizten Backofen etwa 15 – 20 Minuten backen, bis der Teig gebräunt ist.
- Mit Salz und mit frischem schwarzem Pfeffer aus der Mühle würzen und die Rucolablätter daraufstreuen.

Pro Portion:
481 kcal/ 15,8 g Fett/ 60,1 g KH/ 29,6 % kcal aus Fett

▶ **Für 4 Personen**
🕑 **1½ Std.**

Tomatensauce:
½ Zwiebel
1 EL Olivenöl
300 g Tomatenstücke (Dose)
1 Knoblauchzehe, gehackt
1 Prise Oregano
Salz
1 Prise Chilipulver, mild

Pizzabelag:
1 Bund Rucola
2 Tomaten
375 g Mozzarella
Salz
schwarzer Pfeffer aus der Mühle

Teig:
siehe Basis-Pizza-Teig (links)

TIPP

So wird der Pizzaboden schön knusprig

Beim Backen einer Pizza ist es wichtig, dass sie von unten starke Hitze bekommt, damit der Teig schön knusprig wird und der Belag saftig bleibt. Deshalb schiebt man die Pizza auf die unterste Einschubleiste. Um den Effekt noch zu erhöhen, kann die Pizza in der Form oder auf dem Blech direkt auf einem Pizzastein gebacken werden, dann reicht meist eine Backzeit von etwa 12 Minuten.

Kartoffel-Focaccia

Hier ist jeder Bissen ein Genuss: natürlich der locker, knusprige Teig,
aber dann erst die Mulden, wo sich warme Tomate und geschmolzener Mozzarella
zusammenschmiegen…

- Die gekochten Kartoffeln durch die Kartoffelpresse drücken.
- Mehl in eine Schüssel geben, in der Mitte eine Vertiefung schaffen. Die Hefe in eine Tasse bröckeln und mit der Milch, dem Zucker und 1 Esslöffel Mehl verrühren. Die angerührte Hefe in die Vertiefung gießen.
- An einem warmen Ort abgedeckt ca. 15 Minuten gehen lassen.
- Basilikum- und Thymianblättchen fein hacken.
- 200 ml Mineralwasser, Olivenöl und einen Teelöffel Salz zum Vorteig geben. Alles gut vermengen und mit dem elektrischen Handrührgerät oder der Küchenmaschine zu einem glatten Teig verkneten. Zum Schluss die Kartoffelmasse und die Kräuter unterkneten.
- Weitere 60 Minuten gehen lassen.
- Den Teig auf einer bemehlten Arbeitsfläche ca. 1 cm dick oval ausrollen und auf ein mit Backpapier ausgelegtes Blech legen. Abgedeckt weitere 45 Minuten gehen lassen.
- Für den Belag das Öl mit ½ Teelöffel Salz und 2 EL Wasser verrühren. Finger in dieses Gemisch eintauchen und kleine Mulden in den Teig drücken. Tomatenhälften in die Mulden legen und Mozzarellascheiben daraufgeben. Die restliche Ölmischung mit dem Pinsel verstreichen.
- Auf der mittleren Schiene im vorgeheizten Backofen ca. 30 Minuten goldbraun backen.

Pro Portion:
470 kcal/ 14,9 g Fett/ 66 g KH/ 28,5 % kcal aus Fett

▶ **Für 1 großen Fladen/4 Portionen**
🕐 **30 Min.**
für den Teig:
200 g Pellkartoffeln, mehlig kochend
    Salz
  ½ Würfel frische Hefe
3 EL lauwarme Milch
1 TL Zucker
300 g Mehl
  12 Basilikumblätter
  2 Zweige Thymian
200 ml Mineralwasser
1 EL Olivenöl
für den Belag:
1 EL Olivenöl
    Salz
150 g Kirschtomaten, halbiert
150 g Mozzarella, in Scheiben

Tramezzini-Wrap mit Putenbrust

Ein leckerer Snack, der auch schön aussieht.

▶ **Für 8 Stück**
🕐 **20 Min., Kühlzeit: 1 – 2 Std.**
15 g Rucola · 80 g Frischkäse (0,2 % F.) · Salz · Pfeffer aus der Mühle · 60 g Putenbrust, hauchdünne Scheiben · 8 Oliven, in Scheiben geschnitten · 2 Scheiben Tramezzini-Brot (je 60 g)

- Rucola waschen, trocken schütteln, die Stiele entfernen, grob hacken und unter den Frischkäse rühren, mit Salz und Pfeffer aus der Mühle abschmecken.
- Die Brotscheiben mit der Längsseite überlappend auf Frischhaltefolie legen und mit dem Nudelholz flach rollen.
- Die Frischkäsemischung auf der ganzen Fläche verstreichen und die Olivenscheibchen darauf verteilen.
- Mit den Putenbrustscheiben belegen, danach die Brotscheiben mithilfe der Folie eng aufrollen. Die Enden der Folie gut verschließen und im Kühlschrank ziehen lassen.
- Zum Servieren die Folie vorsichtig entfernen und die Roulade in 2 cm breite Scheiben schneiden. Auf Tellern oder Papierförmchen anrichten.

Pro Stück:
40 kcal/ 0,8 g Fett/ 4,2 g KH/ 18,0 % kcal aus Fett

Tramezzini-Wrap mit Thunfisch

Gemeinsam mit dem Puten-Wrap auch schön für Gäste anzurichten.

▶ **Für 8 Stück**
🕐 **20 Min., Kühlzeit: 1 – 2 Std.**
100 g Thunfisch in Wasser · 80 g Frischkäse · 1 EL Tomatenmark · Salz · Pfeffer aus der Mühle · 2 EL kleine Kapern aus dem Glas · 2 Scheiben Tramezzini-Brot (je 60 g)

- Thunfisch abtropfen lassen und auseinanderpflücken. Frischkäse mit Tomatenmark und Thunfisch verrühren. Mit Salz und Pfeffer aus der Mühle abschmecken.
- Die Brotscheiben mit der Längsseite überlappend auf Frischhaltefolie legen und mit dem Nudelholz flach rollen.
- Die Frischkäsemischung auf der ganzen Fläche verstreichen und die Kapern darauf verteilen.
- Danach die Brotscheiben mithilfe der Folie eng aufrollen. Die Enden der Folie gut verschließen und im Kühlschrank ziehen lassen.
- Zum Servieren die Folie vorsichtig entfernen und die Rolle in 2 cm breite Scheiben schneiden. Auf Tellern oder Papierförmchen anrichten.

Pro Stück:
58 kcal/ 0,6 g Fett/ 7,8 g KH/ 9,3 % kcal aus Fett

Pizzastreifen mit Schinken und Feigen

Eine raffinierte Pizzavariation, die Sie sicherlich noch nicht kennen.

▶ **Zutaten für 4 Portionen**
🕐 **90 Min.**
Teig: siehe Basis-Pizza-Teig (S. 58)
Belag: 3 EL Frischkäse (0,2 % F.) · 120 g luftgetrockneter Schinken (z. B. Parmaschinken ohne Fettrand) · 4 frische Feigen · ½ Bio-Zitrone · 1 EL Olivenöl · frisch gemahlener Pfeffer

- Den vorbereiteten und gegangenen Pizzateig zu einer Rolle formen und einen 35 cm langen und 12 cm breiten Streifen ausrollen.
- Den Teigstreifen mit Frischkäse bestreichen und mit dem Schinken belegen. Die Feigen abspülen, vierteln und ebenfalls auf den Teigstreifen setzen.
- Die abgespülte Zitrone in dünne Scheiben schneiden, halbieren und auf den Pizzastreifen legen.
- Den Pizzastreifen mit Olivenöl beträufeln und mit reichlich frisch gemahlenem Pfeffer bestreuen.
- Im auf 250 °C (Umluft 230 °C) vorgeheizten Backofen etwa 20 Minuten backen.

Pro Portion:
467 kcal/ 12,1 g Fett/ 70 g KH/ 23,3 % kcal aus Fett

▶ Pizzastreifen mit Schinken und Feigen

Gemüse al Forno

Das Gemüse aus dem Backofen können Sie als eigenständiges Gericht, aber auch als Beilage zu Fleisch oder Fisch verwenden.

▶ **Für 4 Personen**
🕐 **70 Min.**

600 g festkochende Kartoffeln
4 Knoblauchzehen
1 TL frischer Oregano
(oder ½ TL getrockneter)
Pfeffer, Salz
2 Zweige Rosmarin
(oder ½ TL getrockneter)
250 g rote Paprika
250 g Zucchini
300 g Fenchel
500 g Fleischtomaten
(ersatzweise Dosentomaten)
Salz
2,5 EL Olivenöl
einige Spritzer dunkler
Balsamessig

- Backofen auf 180 °C vorheizen.
- Kartoffeln schälen, in Scheiben schneiden und eine flache Auflaufform damit auslegen (oder Backblech).
- In Scheiben geschnittene Knoblauchzehen, Oregano und frisch gemahlenen Pfeffer darübergeben, salzen und dann die Rosmarinzweige darauflegen.
- Die Paprika in Stücke, die Zucchini in Scheiben und den Fenchel in dünne Scheiben schneiden. Alles miteinander mischen, salzen und auf die Kartoffeln geben.
- Die Tomaten in Scheiben schneiden und das Gemüse damit abdecken. Wer möchte, kann die Tomaten auch vorher enthäuten. Wenn Sie Dosentomaten verwenden, bitte die Flüssigkeit vorher abgießen, die Früchte halbieren und das Innere entfernen.
- Das Gemüse salzen und mit dem Olivenöl beträufeln. 50 Minuten im Ofen backen.
- Je nach Geschmack kann man dann noch vorsichtig etwas Balsamessig darübergeben.

Tipp

Dieses Gericht geht auch mit anderen mediterranen Gemüsesorten, außer Auberginen. Sehr schmackhaft sind auch ganze Knoblauchzehen, die am Rand mit gebacken werden.

Nährwerte gesamt:
255 kcal / 8,4 g Fett / 36 g KH / 29,7 % kcal aus Fett

Gebackene Tomaten

Ein leichtes Gericht, das sich rasch zubereiten lässt.

▶ **Für 2 Personen**
🕙 **20 Min.**
16 Kirschtomaten · 2 Frühlingszwiebeln · 1 EL Rosmarinnadeln · 1 Knoblauchzehe in Scheiben · 1 EL Olivenöl
Salz · Pfeffer · 4 Scheiben Ciabatta

– Backofen auf 225 °C vorheizen.
– Die Kirschtomaten waschen und mit einer geputzten, gewaschenen und in Stücke geschnittenen Frühlingszwiebel vermischen.
– Aus Rosmarin, Knoblauch und Olivenöl eine Marinade herstellen. Diese mit Salz und Pfeffer abschmecken.
– Mit den Tomaten und Zwiebeln mischen und in einer Auflaufform im vorgeheizten Ofen für 10 Minuten backen.

Pro Portion:
250 kcal / 7,3 g Fett / 38 g KH /
26,3 % kcal aus Fett

Lauwarme Gemüseplatte

Das Bollito Misto für Vegetarier.

▶ **Für 4 Personen**
🕙 **20 Min.**
200 g Rosenkohl · 200 g gewürfelte Kartoffeln · 200 g Mangold · 100 g Brokkoli · 100 g Möhren · 20 ml Apfelessig · 10 ml Kürbiskernöl · 10 ml Olivenöl · Thymian, gemahlen · Salz, Pfeffer

– Das Gemüse waschen und putzen.
– Den Rosenkohl halbieren, Mangold in Stücke schneiden, die Möhren in Scheiben schneiden. Den Brokkoli in kleine Röschen brechen, die Kartoffeln in Würfel schneiden.
– Das Gemüse – außer den Brokkoli – 4–6 Minuten in ungesalzenem Wasser garen, den Brokkoli dazugeben und alles noch ca. 4 Minuten garen.
– Die Kartoffeln separat in Salzwasser garen.
– Alle Zutaten mit einer Schaumkelle in eine Schüssel heben.
– Die beiden Öle mit dem Essig verschlagen und mit Salz, Pfeffer und Thymian würzen. Das Dressing mit dem Gemüse vermischen.

Pro Portion:
101 kcal / 2,9 g Fett / 12 g KH /
25,8 % kcal aus Fett

Topinambur, mariniert

Ein lang vergessenes Gemüse wieder entdeckt.

▶ **Für 4 Personen**
🕙 **Zubereitung 25 Min.**
800 g Topinambur · ½ Zitrone, den Saft · 200 g Schalotten · 50 ml trockener Weißwein · 50 ml Aceto Balsamico Bianco · 2 EL Olivenöl · 1 EL Zucker · 1 Lorbeerblatt · 1 kl. Stück Peperoncino · 3 EL gehackte, glatte Petersilie · Salz

– Die Topinamburknollen putzen, schälen und 15 Minuten in reichlich sprudelnd, kochendem Salzwasser, das mit Zitronensaft versetzt wurde, garen.
– Die Schalotten schälen, in Stücke schneiden und mit Wein, 50 ml Wasser, Aceto Balsamico, Olivenöl, Zucker, Lorbeer, Peperoncino und einer Prise Salz in einem Topf bei mittlerer Hitze köcheln lassen.
– Die Topinamburknollen in Stücke schneiden, in eine Schüssel geben und mit dem Schalottensud vermengen. Das Peperoncinostück entfernen, die Petersilie darüberstreuen und lauwarm servieren.

Pro Portion:
140 kcal / 4,0 g Fett / 16 g KH /
25,7 % kcal aus Fett

Tomaten-Zucchini-Gratin

Variieren Sie: statt Basilikum Rosmarin oder Oregano verwenden.

▶ **Für 4 Personen**

🕐 **15 Min., Backzeit: 30 Min.**

je 500 g Tomaten und Zucchini · 1 Paprikaschote · Salz, Pfeffer · 2 Zwiebeln 2 Knoblauchzehen · 1 Bund Basilikum 4 EL Paniermehl · 1 EL Öl · 2 EL gekörnte Gemüsebrühe · 20 g geraspelter Käse (30 % F. i. Tr.)

- Das Gemüse putzen und waschen. Die Tomaten in Scheiben schneiden, die Zucchini und Paprika hobeln.
- Das Gemüse streifenweise nebeneinander auf ein mit Backpapier ausgelegtes Backblech geben und mit Salz und Pfeffer würzen.
- Den Backofen auf 200 °C vorheizen.
- Zwiebeln und Knoblauch abziehen und fein würfeln, Basilikumblättchen abzupfen und fein schneiden. Kräuter mit Paniermehl, Öl und Gemüsebrühe mischen und auf dem Gemüse verteilen. Mit geraspeltem Käse bestreuen und im Backofen ca. 30 Minuten überbacken.

Tipp

Wer mag, kann noch ein paar Pinienkerne oder etwas mehr Käse darüberstreuen. Mit Baguette oder Folienkartoffeln dazu ist das Gericht wieder LowFett 30.

Pro Portion:
136 kcal/ 4,5 g Fett/ 16 g KH/ 29,5 % kcal aus Fett

Thymian-Lamm mit Bohnen

Durch den Thymian erhält das Lammfleisch
den typisch mediterranen Geschmack.

▶ **Für 4 Personen**
  ⊙ **40 Min.**
  600 g Lammlachse (ausgelöster Rücken) · 16 – 20 Stiele
  Thymian · 800 g geputzte grüne Bohnen (frisch oder TK) ·
  2 EL Öl · 300 g breite Bandnudeln · Salz, schwarzer Pfeffer ·
  evtl. 2 unbehandelte Limetten · 250 ml Kondensmilch
  (4 % F.) · 1 TL gekörnte Brühe · etwas Saucenbinder ·
  Küchengarn, Alufolie

- Fleisch evtl. waschen, trocken tupfen und längs einschneiden. Thymian waschen. 1 Stiel in die Tasche legen,
  2 – 3 Stiele mit Küchengarn um das Fleisch binden.
- Restliche Thymianzweige abzupfen.
- Bohnen waschen und evtl. fein schneiden.
- Die Nudeln in kochendem Salzwasser ca. 10 Minuten
  garen.
- Bohnen in wenig kochendem Salzwasser zugedeckt
  8 – 10 Minuten dünsten.
- Fleisch im heißen Öl rundherum 8 – 10 Minuten braten,
  würzen und herausnehmen. In Folie wickeln und kurz
  ruhen lassen.
- Limetten waschen und halbieren, 2 dünne Scheiben
  abschneiden, Rest auspressen.
- Bratfett mit 100 ml Wasser, Kondensmilch, Brühe und
  restlichem Thymian aufkochen. Soße binden. Mit Salz,
  Pfeffer und Limettensaft abschmecken.
- Nudeln und Bohnen abgießen, mit Fleisch und Soße
  anrichten. Mit Limettenscheiben garnieren.

Pro Portion:
641 kcal/ 16,2 g Fett/ 71 g KH/ 22,7 % kcal aus Fett

Kalbsbraten mit Bandnudeln

Probieren Sie dieses Gericht auch einmal mit
Kalbsschnitzel aus.

▶ **Für 4 Personen**
  ⊙ **1¼ Std.**
  800 g magerer Kalbsbraten · 1 Knoblauchzehe · 1 EL mittel-
  scharfer Senf · etwas getr. Rosmarin · etwas getr. Thymian ·
  Salz, Pfeffer · 2 EL Öl · 1 Grapefruit · 250 ml Fleischbrühe
  (Instant) · 1 Lorbeerblatt · 250 g Bandnudeln · 1 EL heller
  Saucenbinder

- Die Knoblauchzehe abziehen und pressen, mit Senf,
  Rosmarin, Thymian, etwas Salz und Pfeffer vermischen.
- Das Fleisch kalt abspülen, trocken tupfen und mit dieser
  Paste einreiben.
- Den Backofen auf 180 °C vorheizen.
- Das Öl in einem beschichtetem Bräter erhitzen und das
  Fleisch darin von allen Seiten gut anbraten.
- Die Grapefruit auspressen und die Hälfte des Saftes und
  die Brühe zum Braten gießen. Das Lorbeerblatt zugeben.
- Den Braten im heißen Ofen auf der mittleren Schiene etwa
  1 Stunde schmoren, gelegentlich mit dem Bratensaft
  begießen.
- Inzwischen die Nudeln in reichlich Salzwasser nach
  Packungsanweisung kochen, abgießen, abtropfen lassen
  und warm halten.
- Den Braten aus dem Ofen nehmen. Die Bratensauce durch
  ein Sieb in einen kleinen Topf gießen, mit dem restlichen
  Grapefruitsaft aufkochen, mit Salz und Pfeffer abschmecken und mit dem Saucenbinder andicken.

Pro Portion:
497 kcal/ 9,0 g Fett/ 51 g KH/ 16,3 % kcal aus Fett

Hähncheninvoltini

Die Hähnchenrouladen werden mit einer Ricotta-Spinat-Creme gefüllt.

▶ Für 2 Portionen
⊙ 50 Min.

125 g Vollkornreis · Salz · 100 g Blattspinat TK, aufgetaut · 350 g Hähnchenbrustfilet · Pfeffer aus der Mühle · 3 EL Ricotta · 100 g Lauch, fein gewürfelt · 100 g rote Paprika, gewürfelt · 1 EL Olivenöl · 125 ml Geflügelfond · 3 EL Weißwein

- Den Reis nach Packungsanleitung in gesalzenem Wasser kochen.
- Spinat abtropfen lassen, hacken und in eine Schüssel geben.
- Hähnchenbrustfilets abspülen, trocken tupfen und je nach Dicke ein- bis zweimal waagerecht halbieren und mit Salz und Pfeffer würzen. Die dünnen Schnitzel auf Frischhaltefolie legen und flach andrücken.
- Ricotta zum Spinat geben, salzen, pfeffern und alles gut mischen. Die Hähnchenschnitzel damit bestreichen und zu kleinen Rouladen aufrollen. Mit Zahnstochern fixieren.
- Einen Esslöffel Olivenöl in einer Pfanne erhitzen und die Hähnchenrouladen darin rundherum anbraten. Lauch- und Paprikawürfel zufügen und kurz mit anbraten. Wein und Fond angießen und alles bei mittlerer Hitze 5 – 6 Minuten garen.
- Den Reis abgießen und zusammen mit den Hähnchenrouladen servieren.

Pro Portion:
569 kcal / 14,4 g Fett / 52,3 g KH / 22,8 % kcal aus Fett

Kaninchen all'Arrabbiata

Wer es nicht so scharf mag, der lässt die Chilischoten weg.

▶ Zutaten für 4 Personen
⊙ 70 Min., Marinierzeit: 12 Std.

1 Kaninchen ohne Kopf, küchenfertig vom Händler zerteilen lassen · 100 ml Essig · 1 TL Öl · 1 Knoblauchzehe gepresst · 1 Zwiebel, fein gewürfelt · 2 kleine Chilischoten, in feine Streifen geschnitten · 2 Zweige Rosmarin · 2 Lorbeerblätter · Curry, Salz, Pfeffer · Schaschlik-Gewürz · 500 ml Weißwein · 500 g Ciabatta

- Den Essig mit der gleichen Menge Wasser mischen und das Kaninchen darin 12 Stunden einlegen, dann herausnehmen und trocken tupfen.
- Öl in einem Bräter erhitzen, Knoblauch und Zwiebelwürfel darin anbraten. Das Kaninchen zugeben und auf kleiner Flamme von allen Seiten anbraten, Chilischoten, Rosmarin und Lorbeerblätter dazulegen. Das Kaninchen gut mit Pfeffer, Salz, Curry und Schaschlik-Gewürz würzen.
- Wenn die Flüssigkeit verdampft ist, immer etwas Wein über das Kaninchen gießen. Deckel schließen. So lange wiederholen, bis der Wein aufgebraucht ist.
- Nach ca. 1 Stunde ist das Kaninchenfleisch ganz zart und kann zusammen mit dem Ciabatta serviert werden.

▶ Dazu passt
Reis.

Pro Portion:
852 kcal / 23,3 g Fett / 71,1 g KH / 24,6 % kcal aus Fett

Lammfilet mit Tomatensauce

Garen in der Soße, so bleibt das Lammfleisch besonders saftig.

▶ **Für 4 Personen**
⊙ **55 Min.**

8 reife Tomaten · ca. 800 g Lammfilet 2 TL Salz · Pfeffer aus der Mühle · 3 EL Olivenöl · 1 Handvoll gehackte frische Kräuter (Rosmarin, Salbei, Oregano, Majoran, Thymian) · 2 Knoblauchzehen, gehackt · etwas Chilipulver · 300 g Reis

- Tomaten häuten und würfeln, die Kerne entfernen.
- Knoblauch, Kräuter und Chili in heißem Olivenöl anschwitzen. 100 ml Wasser und die Tomaten zufügen, mit einem Teelöffel Salz und Pfeffer aus der Mühle würzen. Das Ganze etwa 25 Minuten zu einer cremigen Sauce einkochen lassen.
- Die Lammfilets in die Sauce legen und etwa 15 Minuten weiter köcheln lassen. In dieser Zeit einmal wenden.
- Inzwischen den Reis nach Packungsanweisung kochen und alles zusammen servieren.

Pro Portion:
609 kcal / 17,2 g Fett / 63 g KH / 25,4 % kcal aus Fett

Kalbsinvoltini in Tomatensauce

Salbei und Parmaschinken – so schmeckt Italien.

▶ **Für 2 Personen**
⊙ **30 Min.**

4 Kalbsschnitzel à 80 g · schwarzer Pfeffer · 4 dünne Scheiben Parmaschinken · 4 große dicke Salbeiblätter · 1 TL Öl · 370 g Tomatenstückchen mit Kräutern · 2 EL Kondensmilch (4 % F.) · Salz · ½ TL Zucker · 250 g grüne Bandnudeln

- Das Fleisch pfeffern. Jedes Schnitzel mit einer Scheibe Parmaschinken und einem Blatt Salbei belegen, aufrollen und feststecken.
- Das Öl in einer Pfanne erhitzen und die Fleischröllchen darin von allen Seiten hellbraun anbraten.
- Die Tomatenstücke zugeben und zugedeckt bei schwacher Hitze etwa 15 Minuten garen.
- Die Bandnudeln in kochendem Salzwasser garen und abgießen.
- Das Fleisch aus der Sauce nehmen und diese mit Kondensmilch, Salz, Zucker und Pfeffer abschmecken. Saltimbocca mit den Nudeln und der Tomatensauce auf 2 Tellern anrichten.

Pro Portion:
675 kcal / 12,9 g Fett / 95,1 g KH / 17,2 % kcal aus Fett

Rinderhack mit Peperoni und Zwiebeln

Rinderhack und Zwiebeln, einfache Zutaten – köstliches Ergebnis.

▶ **Für 4 Personen**
⊙ **80 Min.**

1 Prise Salz · 1 Schalotte, gehackt · 1 Peperoncino, fein gewürfelt · 1 Lorbeerblatt · 1 EL Olivenöl · 200 g Rinderhack · 300 g Tomatenstücke aus der Dose · 3 EL Tomatenmark · 400 g gelbe Paprika · 100 g weiße Zwiebeln · 200 g Karotten · 1 EL Olivenöl · 1 Prise Salz · 400 g Nudeln

- Schalotte, Peperoncino und das Lorbeerblatt in heißem Olivenöl in einer Kasserolle anschwitzen.
- Rinderhack zugeben und unter Rühren kurz mit anbraten. Die Tomaten und das Tomatenmark hinzufügen, umrühren, etwas salzen und bei niedriger Hitze mindestens 60 Minuten köcheln lassen.
- In der Zwischenzeit die Paprikaschoten, Zwiebeln und Karotten waschen, putzen und klein schneiden.
- Nudeln in kochendem Salzwasser zubereiten.
- Das Gemüse in einem Esslöffel Olivenöl andünsten und etwa 20 Minuten weiterdünsten, dabei häufig umrühren. Mit Salz und Pfeffer würzen und mit der Rinderhacksauce vermischen.

Pro Portion:
581 kcal / 14,9 g Fett / 84,1 g KH / 23,1 % kcal aus Fett

69

Brasato al Barolo

Als Wein passt zu dem kräftigen Gericht natürlich auch gut der Barolo.

▶ **Für 4 Personen**
🕙 **3,5 Std., Marinierzeit: 12 Std.**

1,2 kg Kalbsbäckchen (alternativ Rinderkeule) · 2 klein gewürfelte Zwiebeln · 2 gewürfelte Karotten · 1 gewürfelte Selleriestange · 4–6 Gewürznelken · 1 Zimtstange · 3 Lorbeerblätter · 1 Rosmarinzweig · 1 Thymianzweig · 3 abgezogene Knoblauchzehen · 750 ml Barolo · 4 EL Olivenöl · Salz · schwarzer Pfeffer aus der Mühle · 2 EL Zucker · 3 EL dunkle Balsamicocreme · 250 g Tagliatelle

- Fleisch, Gemüse, Gewürze und Kräuter in eine Schüssel geben. Mit Barolo aufgießen. Zugedeckt mindestens 12 Stunden marinieren.
- Fleisch aus der Marinade nehmen, abtropfen lassen. Marinade durch ein Sieb gießen, die Gemüsestücke abtropfen lassen.
- Das Fleisch mit Küchenkrepp trocken tupfen und in Olivenöl anbraten. Das abgetropfte Gemüse zugeben und mit anrösten, salzen, pfeffern und den Zucker unterrühren. Den Weinsud angießen und alles 3 Stunden köcheln.
- Inzwischen die Tagliatelle in gesalzenem Wasser kochen und abgießen.
- Am Ende der Garzeit das Fleisch herausnehmen und warm halten. Den Fond durch ein Sieb gießen, aufkochen und etwas einkochen lassen. Mit Balsamicocreme, Salz und Pfeffer abschmecken.

Pro Portion:
868 kcal / 25,7 g Fett / 60 g KH / 26,6 % kcal aus Fett

Rindermedaillons auf Pizzaiola-Sauce

Ein ideales Fleischgericht für den Sommer.

▶ **Für 4 Personen**
🕙 **35 Min.**

4 abgezogene Knoblauchzehen · 4 EL Olivenöl · 1 fein gewürfelte Schalotte · 800 g gehäutete, entkernte und gewürfelte Tomaten (sehr reif; alternativ Tomaten aus der Dose) · Salz, schwarzer Pfeffer aus der Mühle · 1 kleines Bund frischer Oregano (ersatzweise ½ TL getr. Oregano) · 4 Medaillons vom Rinderfilet 150–200 g · 500 g Tagliatelle · Basilikumblätter als Garnitur

- Knoblauchzehen langsam in 2 Esslöffeln Olivenöl goldbraun braten, den Knoblauch entfernen und die Schalottenwürfel im gleichen Öl glasig anschwitzen. Die Tomatenwürfel dazugeben, pfeffern und salzen und 10 Minuten bei leichter Hitze köcheln lassen.
- Oregano waschen, 4 Zweige zur Seite legen, Blättchen von den restlichen Zweigen zupfen und zur Sauce geben.
- Tagliatelle in kochendem Salzwasser garen.
- Die Rindermedaillons in den restlichen 2 Esslöffeln Olivenöl von beiden Seiten kurz scharf anbraten, dann erst mit Salz und Pfeffer würzen und ca. 2–3 Minuten in der Sauce ziehen lassen.
- Das Fleisch auf der Sauce anrichten und nach Belieben mit Basilikum und dem restlichen Oregano garnieren; mit den Tagliatelle servieren.

Pro Portion:
761 kcal / 19,9 g Fett / 94 g KH / 23,5 % kcal aus Fett

◀ Brasato al Barolo

Putenschnitzel mit Salbei

Fleisch mit Salbei, eine klassische Kombination
der italienischen Küche.

▶ **Für 4 Personen**
🕐 **30 Min.**

2 Möhren (200 g) · 1 Zucchini (250 g) · 3 Frühlingszwiebeln ·
8 Putenschnitzel (je ca. 40 g) · 4 Stiele Salbei · 30 g getrocknete Tomaten (in Öl) · 4 Scheiben Lachsschinken · 1 EL Olivenöl · ½ Zitrone · Salz · Pfeffer · 8 Zahnstocher

- Möhren waschen und schälen. Zucchini waschen und
  putzen. Möhren und Zucchini getrennt voneinander in
  sehr feine Streifen (Juliennestreifen) schneiden.
- Frühlingszwiebeln putzen, waschen und in feine Ringe
  schneiden.
- Putenschnitzel unter Klarsichtfolie mit dem Plattiereisen
  oder einem Stieltopf flachklopfen.
- Den Salbei waschen, trocken schütteln und ca. 12 Blättchen von den Stielen zupfen.
- Getrocknete Tomaten abtropfen lassen und in Streifen
  schneiden.
- Jedes Schnitzel mit einem Salbeiblättchen und ½ Scheibe
  Lachsschinken belegen und mit einem Zahnstocher fixieren. Den restlichen Salbei fein hacken.
- Das Öl in der Pfanne erhitzen und die Schnitzelchen darin
  von jeder Seite 1 Minute scharf anbraten. Aus der Pfanne
  nehmen und im Backofen bei 100 °C warm halten.
- Möhrenstreifen und Frühlingszwiebeln in die Pfanne geben und bei großer Hitze unter Rühren 1 Minute anbraten.
  Zucchini, Tomatenstreifen und gehackten Salbei zugeben
  und 2 Minuten weiterbraten.
- Mit 2 TL Zitronensaft, Salz und Pfeffer abschmecken. Dann
  das Gemüse auf Teller verteilen, die Putenschnitzel und
  den Fleischsaft daraufgeben.

Pro Portion:
358 kcal/ 9,8 g Fett/ 16 g KH/ 24,6 % kcal aus Fett

Zitronenhähnchen

Hier schmecken Sie die Sonne Italiens.

▶ **Für 2 Personen**
🕐 **30 Min.**

1 unbehandelte Zitrone · 200 g Hähnchenbrustfilets
(2 Stück) · schwarzer Pfeffer, Salz, Thymian · 3 EL Zitronensaft · 125 ml Hühnerbrühe (Instant) · 2 Tomaten · 1 kleine
Zucchini · 1 kleine Zwiebel · 2 Knoblauchzehen

- Backofen auf 200 °C vorheizen. Die Zitrone waschen und in
  dünne Scheiben schneiden. Die Scheiben in eine Auflaufform (etwa 25 cm lang) legen.
- Das Gemüse putzen und in Scheiben schneiden.
- Die Hähnchenbrustfilets pfeffern, auf die Zitronenschei-
  ben legen und mit dem Zitronensaft beträufeln. Die Hälfte
  der Hühnerbrühe angießen. Das Fleisch auf mittlerer
  Schiene etwa 15 Minuten im Backofen garen.
- Die Zwiebel schälen und in Würfel schneiden, die Knoblauchzehen abziehen und ebenfalls in kleine Würfel
  schneiden. Zusammen mit dem Gemüse in der restlichen
  Brühe etwa 10 Minuten dünsten.
- Vor dem Servieren das Zitronenhähnchen salzen und mit
  den Schnittlauchröllchen bestreuen. Zusammen mit dem
  Gemüse auf einem Teller anrichten.

▶ **Dazu passt:**
Reis oder Fladenbrot.

Pro Portion:
214 kcal/ 5,2 g Fett/ 8,0 g KH/ 21,9 % kcal aus Fett

▶ **Zitronenhähnchen**

HAUPTGERICHTE

Schweinebraten mit Kartoffelpüree

Schweinbraten einmal anders: in Wein-Milch-Sud gegart.

▶ **Für 4 Personen**
⊙ **1,5 Std.**

1 kg Schweinebraten (Lachs) · Salz · schwarzer Pfeffer aus der Mühle · 2 Knoblauchzehen, fein gehackt · 2 TL fein gehackte Rosmarinnadeln · 4 EL Olivenöl · 2 kleine Zwiebeln, gewürfelt · 1 Selleriestange, gewürfelt · 250 ml Weißwein · 1 l Milch (1,5 % F.) · 1 kg Kartoffeln, mehlig kochend · 200 ml Milch (1,5 % F.) · Salz, Pfeffer, Muskat

- Das Fleisch mit Salz und Pfeffer würzen. Knoblauch und Rosmarin mischen und das Fleisch damit bestreichen. Das Fleisch in einer Kasserolle im heißen Olivenöl ringsherum anbraten, das Gemüse zugeben und mit anrösten. Mit Weißwein ablöschen, die Milch angießen und den Deckel auflegen.
- Im vorgeheizten Backofen bei 200 °C etwa 30 Minuten garen, dann den Deckel entfernen und weitere 20 Minuten offen garen, dabei immer wieder mit dem Sud begießen.
- Die Kartoffeln schälen, durchschneiden und in kochendem Salzwasser garen.
- Das Fleisch herausnehmen, warm stellen. Die Sauce durch ein Sieb passieren und bis zur gewünschten Konsistenz reduzieren. Eventuell mit hellem Saucenbinder andicken.
- Die Kartoffeln abgießen, durch die Presse drücken, mit Milch verrühren und mit Salz, Pfeffer und Muskat würzen.

▶ **Pro Portion:**
757 kcal/ 21,9 g Fett/ 55,4 g KH/ 26,0 % kcal aus Fett

Südtiroler Gulasch

Ein deftiges »Hüttenessen« – in LowFett 30.

▶ **Für 4 Personen**
⊙ **30 Min., Garzeit: 2½ Std.**

600 g gewürfeltes Rindfleisch aus der Schulter · 2 EL Olivenöl 1 Zwiebel, gehackt · 1 Knoblauchzehe, fein gewürfelt · 100 g magere Schinkenwürfel · Salz · schwarzer Pfeffer aus der Mühle · 200 ml Rotwein · 2 EL Apfelessig · 1 Salbeizweig · 2 Lorbeerblätter · 1 Selleriestange, fein gewürfelt · 800 ml Rinderfond · 250 g Tomaten, gehäutet und gewürfelt · 1 Rosmarinzweig · 300 g kurze Bandnudeln

- Das Fleisch in heißem Olivenöl leicht von allen Seiten anbraten. Zwiebel hinzufügen und mit anschwitzen.
- Knoblauch und Schinkenwürfel zugeben, mit Salz und Pfeffer würzen und mit Rotwein und Apfelessig ablöschen.
- Kurz aufkochen, Salbei, Lorbeer und Sellerie unterrühren. Rinderfond angießen und evtl. noch so viel Wasser hinzufügen, dass das Fleisch bedeckt ist. Bei niedriger Hitze eine Stunde köcheln lassen.
- Tomaten und Rosmarin unterrühren und 1 – 1½ Stunden bei niedriger Hitze weitergaren. Gelegentlich umrühren.
- Inzwischen die Nudeln in Salzwasser garen und abgießen.

▶ **Dazu passt:**

Auch Polenta und als Beilage ein grüner Salat mit Joghurtdressing.

▶ **Pro Portion:**
642 kcal/ 19,7 g Fett/ 57,7 g KH/ 27,6 % kcal aus Fett

Kräftiger Fischfilettopf

Einst ein »Arme-Leute-Essen« – heute eine Delikatesse.

- Öl in einem sehr hohen Topf erhitzen, die Schalentiere zugeben und kräftig anbraten, bis sie rundherum rot sind.
- Knoblauch und Schalotten zugeben und Farbe annehmen lassen, Wasser aufgießen und alle anderen Zutaten des Suds zugeben; ca. 1 Stunde köcheln lassen, abseihen und den Sud in einem Topf auffangen.
- Inzwischen die Kartoffelwürfel separat in Salzwasser 15 Minuten kochen und abgießen.
- Die Tomaten überbrühen und häuten. Das Fruchtfleisch von den Kernen trennen und in kleine Würfel schneiden.
- Einen Liter des Suds aufkochen (der Rest kann eingefroren werden), Sellerie, Fischstücke und Miesmuscheln zugeben, die Hitze reduzieren und alles ca. 8 Minuten ziehen lassen.
- Die Tomatenstücke und die Kartoffelwürfel zugeben und weitere 4 Minuten ziehen lassen.
- Die Fischsuppe auf Suppenteller verteilen und servieren.

Tipp

Miesmuscheln, die sich nicht geöffnet haben, unbedingt entfernen, da ungeöffnete Muscheln schlecht sein könnten.
Sie können den Eintopf durch Verwendung von frischen Kräutern noch Ihrem persönlichen Geschmack anpassen.

Pro Portion:
392 kcal / 8,1 g Fett / 27,0 g KH / 18,6 % kcal aus Fett

▶ **Für 4 Personen**
🕐 **1½ Std.**

Sud:
1 EL	Öl
200 g	Schalentiere
2	Knoblauchzehen, fein geschnitten
4	Schalotten, fein geschnitten
750 ml	Wasser
1 kg	Fischreste von weißen Seefischen (Seeteufel, Plattfische, Dorade, Rotbarbe …)
5	Stangen Staudensellerie, in feine Scheiben geschnitten
1,2 kg	geschälte Tomaten (aus der Dose)
100 g	Tomatenmark
4	Sternanis, frisch gemahlen
1 EL	Thymian
2 g	Safran
1	Lorbeerblatt
2 TL	weiße Pfefferkörner
1 TL	grobes Meersalz

Einlage:
800 g	weiße Fischfilets, in mundgerechten Stücken
5	mittelgroße feste Tomaten
4	Stangen Staudensellerie, in feinen Scheibchen
15	Miesmuscheln
300 g	Kartoffeln, geschält, in 1 cm-Würfeln

Tomatencassata mit Seeteufel-Medaillons

Wenn Sie Ihrer Familie oder Ihren Gästen nicht nur einen Gaumen-, sondern auch einen Augenschmaus bieten wollen.

- Tomaten über Kreuz einritzen, mit kochendem Wasser überbrühen, häuten, entkernen und in kleine Würfel schneiden. Kräftig salzen und auf einem Sieb etwa 2 Stunden abtropfen lassen. Den Saft auffangen!
- Zucchini längs in sehr dünne Scheiben schneiden oder hobeln, salzen und ebenfalls 1–2 Stunden abtropfen lassen. Den Saft verwerfen.
- Schalotte und Knoblauch zusammen mit der aufgefangenen Tomatenflüssigkeit – Sie benötigen ca. 80–100 ml Tomatensaft – kurz erhitzen. Gelatine darin auflösen.
- Basilikumblätter in feine Streifen schneiden, zarte Blättchen aufheben. Geschnittenes Basilikum mit den Tomatenwürfeln, Zucker und Flüssigkeit mischen. Eine kleine Terrinenform mit den Zucchinistreifen auslegen und die Tomatenmasse einfüllen. 4–5 Stunden kühl stellen und gelieren lassen.
- Die Seeteufel-Medaillons mit Salz, Pfeffer und Zitronensaft würzen und in dem Olivenöl von beiden Seiten ca. 2 Minuten braten.
- Die Medaillons auf großen Tellern anrichten und mit je 1 Scheibe des Tomatencassatas und Basilikumblättchen garnieren. Nach Geschmack noch mit einigen Tropfen Basilikumöl beträufeln. Ciabatta dazu servieren.

Pro Portion:

355 kcal / 8,7 g Fett / 40 g KH / 22,1 % kcal aus Fett

▶ **Für 4 Personen**
  ⊙ **40 Min., Abtropfzeit: 2 Std., Kühlzeit: 4 – 5 Std.**

400 g reife Tomaten
  1 große Zucchini
  1 gewürfelte Schalotte
  1 gewürfelte Knoblauchzehe
  2 Blatt eingeweichte und gut ausgedrückte Gelatine
  1 kleines Bund Basilikum
1 TL Zucker
  4 Seeteufel-Medaillons (à 100 – 120 g)
    schwarzer Pfeffer
    Saft einer ½ Zitrone
2 EL Olivenöl
    evtl. einige Tropfen Basilikumöl
240 g Ciabatta in Scheiben

HAUPTGERICHTE

Kabeljau mit buntem Tomatengemüse

Besonders interessant, wenn Sie nur grüne Tomaten verwenden – aber die echten!

▶ **Für 4 Personen**
🕐 **30 Min., Garzeit: 20 Min.**
1 Knoblauchzehe · 1 Bio-Orange · 2 EL Kapern (Glas) · 500 g gelbe und rote Cherry-Tomaten · 1 Bund Frühlingszwiebeln · 16 grüne Oliven (ohne Stein) · Meersalz · Pfeffer aus der Mühle · 1 EL Aceto balsamico · 3 EL Olivenöl · 4 Kabeljaufilets (je 125 g) · 8 Blätter Basilikum · 600 g Kartoffeln

- Die Knoblauchzehe schälen und eine Auflaufform damit ausreiben.
- Die Orange heiß abwaschen und samt Schale in Scheiben schneiden.
- Kapern abtropfen lassen.
- Tomaten waschen und halbieren, die Frühlingszwiebeln putzen, waschen und in Ringe schneiden. Oliven halbieren oder mit einem Messer flach drücken.
- Alle Zutaten in einer Schüssel vermengen, mit Salz, Pfeffer, Balsamico und Olivenöl mischen und in die Auflaufform geben. Die Fischfilets waschen, trocken tupfen, mit Salz und Pfeffer würzen und obenauflegen.
- Bei 200 °C im vorgeheizten Backofen (Umluft 180 °C) etwa 20 Minuten garen.
- Inzwischen die Kartoffeln waschen, schälen, in Stücke schneiden und in Salzwasser ca. 20 Minuten garen.
- Vor dem Servieren das Basilikum waschen, in Streifen schneiden und über den Fisch streuen; die Kartoffeln abgießen und dazu reichen.

Pro Portion:
345 kcal / 11,4 g Fett / 31 g KH / 29,7 % kcal aus Fett

Fischfilet auf mediterranem Gemüse

Ein feines Gericht auch für Ihre Gäste.

▶ **Für 4 Personen**
🕐 **40 Min.**
2 große Möhren · 2 Stangen Staudensellerie · 3 Frühlingszwiebeln · 75 g getrocknete Tomaten, eingelegt in Öl, abgetropft · 4 Stück Tilapiafilets (à 180 g), aufgetaut oder frisch · ½ Zitrone · 20 g Kapern, abgetropft · 4 Zweige Rosmarin · 4 Zweige Thymian · Salz und Pfeffer

- Backofen auf 200° vorheizen. Möhren waschen, schälen, halbieren und in sehr feine Streifen (Julienne) schneiden. Staudensellerie waschen, putzen, entfädeln, zuerst in etwa 7 cm lange Stücke, dann in sehr feine Streifen schneiden.
- Frühlingszwiebeln waschen, putzen, zuerst in etwa 7 cm lange Stücke, dann in feine Streifen schneiden. Getrocknete Tomaten klein schneiden.
- Die Gemüsestreifen in einer Auflaufform verteilen und die 4 Fischfilets auf das Gemüse legen. Mit Salz und Pfeffer würzen. Aus der Zitrone 2 TL Saft auspressen. Je ½ TL Zitronensaft über die Fische träufeln und die getrockneten Tomaten und Kapern darüber verteilen. Je 1 Zweig Thymian und Rosmarin auf die Fische geben.
- Im Backofen bei 200 °C (Umluft 180 °C) auf der mittleren Schiene 15 Minuten backen.

Tipp

Dazu passen Kartoffelwürfel im Backofen gegart. Wer mag, kann etwas Knoblauch an das Gemüse geben.

Pro Portion:
211 kcal / 2,9 g Fett / 10 g KH / 12,4 % kcal aus Fett

Zanderfilet auf einem Tomaten-Spinat-Bett

Neue Geschmackseindrücke dank der Kombination aus Tomaten, Rosinen und Spinat.

▶ **Für 4 Personen**

🕓 **30 Min., Backzeit: 10 Min.**

600 g Blattspinat · 300 g Naturreis · 4 Zanderfilets · 1 Bio-Zitrone · Salz · Pfeffer · 200 g Kirschtomaten · 30 g getrocknete Tomaten in Öl · 1 Knoblauchzehe · 1 Schalotte · 3 EL Olivenöl · 1 TL brauner Zucker · 3 EL Rosinen · 1 Msp. geriebene Muskatnuss

- Den Backofen auf 180 °C vorheizen. Den Reis in kochendem Salzwasser etwa 20 Minuten kochen und dann abgießen.
- Inzwischen den Spinat waschen und kurz blanchieren. In einem Sieb abtropfen lassen.
- Fischfilets abspülen, trocken tupfen. Zitronensaft und abgeriebene -schale mit Salz und Pfeffer zu einer Marinade verrühren und die Filets darin ziehen lassen.
- Die Kirschtomaten waschen und halbieren, die getrockneten Tomaten fein würfeln, das Öl auffangen. Knoblauch und Schalotte fein würfeln.
- Olivenöl und das Öl von den Tomaten in einer Pfanne erhitzen, den Zucker darin schmelzen, Knoblauch und Schalotte darin anbraten. Tomaten und Rosinen unterrühren, salzen und pfeffern, kurz dünsten.
- Den Spinat zugeben, mit etwas Muskat würzen und in eine Auflaufform von ca. 25 × 25 cm geben. Die Fischfilets obenauflegen und das Ganze im Backofen ca. 10 Minuten garen. Mit dem Reis servieren.

Pro Portion:
536 kcal/ 12,7 g Fett/ 67 g KH/ 21,3 % kcal aus Fett

Seezungenröllchen mit Safranrisotto

Schmeckt auch hervorragend mit dem preisgünstigeren Limandenfilet.

- Die Schalotte fein würfeln. In einem Topf einen Esslöffel Olivenöl erhitzen und die Schalottenwürfel darin anbraten, den Reis hinzufügen und unter Rühren glasig werden lassen. Mit Weißwein ablöschen, eine Schöpfkelle Gemüsebrühe angießen und ein halbes Briefchen Safran hinzufügen. Den Risotto unter Rühren und regelmäßiger Zugabe der Gemüsebrühe ca. 20 Minuten garen.
- Den Backofen auf 200 °C vorheizen. Ein Backblech mit Backpapier auslegen.
- Die Zucchini waschen, putzen und mit einem Gemüsehobel längs in 24 Scheiben schneiden und diese in einer mit Salz ausgestreuten Pfanne anbraten.
- Den Lauch in Ringe schneiden und diese in etwas Salzwasser ca. 10 Minuten garen. Die Pinienkerne und die Petersilienblätter hinzufügen und das Ganze pürieren.
- Die Seezungenfilets mit Salz und Majoran würzen, auf jedes Filet 2 Zucchinischeiben legen und die Filets aufrollen, sodass die Zucchini außen ist. Die Röllchen auf das Blech setzen und etwa 6 Minuten im Ofen garen.
- Pro Person 3 Seezungenröllchen mit dem Risotto und Lauch-Petersilien-Pesto servieren.

Pro Portion:
302 kcal / 8,3 g Fett / 27 g KH / 24,7 % kcal aus Fett

▶ **Für 4 Personen**
1 Std.
1 Schalotte
1 EL Olivenöl
120 g Risottoreis
50 ml Weißwein
300 ml Gemüsebrühe
2 Zucchini
100 g Lauch
12 Seezungenfilets (à 40 g)
25 g Pinienkerne
Safran
Majoran
1 Stängel glatte Petersilie
Salz · Pfeffer

Seelachs im Parma-Mantel auf Zucchinigemüse

Wer Saltimbocca mag, wird dieses Fischgericht lieben.

▶ **Für 4 Personen**
⊙ **30 Min.**

4 Seelachsfilets (à 170 g) · Pfeffer · 4 Scheiben magerer Parmaschinken · 2 Zucchini (ca. 500 g) · 1 Knoblauchzehe · 1½ EL Olivenöl · 100 ml Weißwein · 100 ml Gemüsebrühe · Salz · 3 Stiele Minze · 400 g Tagliatelle

- Fischfilets waschen, trocken tupfen und mit Pfeffer würzen. Jedes Filet mit 1 Scheibe Schinken umwickeln, eventuell mit Holzspießchen fixieren.
- Zucchini auf einem Gemüsehobel längs in dünne Scheiben schneiden. Knoblauch schälen und in feine Scheiben schneiden.
- 1 EL Öl in einem breiten Topf bei mittlerer Hitze erhitzen, Knoblauch darin farblos andünsten. Zucchini dazugeben und 1 Minute unter vorsichtigem Rühren andünsten. Weißwein und Brühe zugießen und bei mittlerer Hitze 6 Minuten zugedeckt dünsten. Mit Salz und Pfeffer würzen. Am Herdrand warm halten.
- Restliches Öl in einer Pfanne erhitzen. Fischröllchen darin bei starker Hitze von jeder Seite anbraten. Auf ein Backblech geben (eventuell fetten) und im vorgeheizten Backofen bei 180 °C (Umluft: 160 °C) 6 Minuten garen.
- Nebenbei die Tagliatelle in Salzwasser garen.
- Minze waschen, trocken schütteln, Blätter abzupfen und grob hacken. Unter das Zucchinigemüse heben. Gemüse und Tagliatelle auf Teller verteilen und den Fisch darauflegen.

Pro Portion:
619 kcal / 10,9 g Fett / 74 g KH / 15,9 % kcal aus Fett

Doradenfilets mit Möhrchen

Die Butter intensiviert den Eigengeschmack der Möhrchen.

▶ **Für 4 Personen**
⊙ **50 Min.**

400 g geputzte Möhren · 10 g Butter · Mineralwasser mit Kohlensäure · Zwiebel · 1 Lorbeerblatt · 2 EL Kerbelblättchen · Gemüsebrühe · Zucker, Salz · 2 Doradenfilets (je 500 g)

- Die Möhren in Scheiben schneiden, Butter erhitzen und die Möhren in der Butter 2 Minuten anbraten.
- 250 ml Mineralwasser zugießen, 1 TL Salz und ½ TL Zucker hinzugeben, den Deckel auflegen und 30 Minuten köcheln lassen.
- Die Zwiebel in Ringe schneiden. In eine Auflaufform 2 Zwiebelringe, 1 Lorbeerblatt, Kerbelblättchen und 2 Schöpflöffel Brühe geben.
- Die Doradenfilets mit der Haut nach unten darauflegen. Die Auflaufform mit Alufolie abdecken und bei 120 °C im Backofen 15 – 17 Minuten garen.
- Die Doradenfilets mit den Buttermöhren servieren. Dazu passt italienisches Weißbrot.

Pro Portion:
381 kcal / 11,6 g Fett / 15 g KH / 27,4 % kcal aus Fett

Ricottacreme mit Beerenfrüchten

Ricotta statt Quark macht dieses Dessert noch italienischer und garantiert LowFett 30.

► **Für 4 Personen**

🕐 **20 Min., Kühlzeit: 4 Std.**

100 g Galbani Ricotta · 200 g Magermilchjoghurt (0,3 % Fett) · 40 g Zucker · Saft von ½ Zitrone · Saft von ½ Orange · 4 Blatt Gelatine · Salz · 400 g Beerenfrüchte (frisch oder tiefgekühlt) · 4 EL Puderzucker · frische Minze

- Ricotta mit Joghurt, Zucker, Zitronen-, Orangensaft und einer Prise Salz vermengen und glatt rühren.
- Die Gelatine nach Packungsanweisung in kaltem Wasser einweichen, auflösen und in die Ricottacreme rühren.
- Kleine Gläser oder Espressotassen mit kaltem Wasser ausspülen und die Ricottacreme einfüllen. Im Kühlschrank mindestens 4 Stunden fest werden lassen.
- Die Beeren mit 4 Esslöffeln Puderzucker vermischen und durchziehen lassen.
- Die Ricottacreme auf Teller stürzen, die Beeren dazu anrichten, mit Minze garnieren und servieren.

Pro Person:

164 kcal / 3,8 g Fett / 24,3 g KH / 20,9 % kcal aus Fett

DESSERTS UND SÜSSSPEISEN

Panettone

Nicht nur zu Weihnachten und Ostern ein Genuss.

▶ **Für 16 Stücke:**

⏱ **1½ Std., Wartezeit: 3¼ Std.**

100 g und 1 EL Butter · 250 ml Milch · 1 Würfel (42 g) frische Hefe · 3 gehäufte EL Zucker · 500 g Mehl · ½ TL Salz · 3 Eier (Größe M) · Mark von 1 Vanilleschote · 125 g Rosinen · 100 g Zitronat · 100 g Orangeat · abgeriebene Schale von 1 unbehandelten Zitrone · Fett für die Form

- 100 g Butter schmelzen, Milch zugießen und lauwarm abkühlen lassen. Hefe zerbröckeln und dazugeben, mit 1 Esslöffel Zucker flüssig rühren.
- Mehl, Salz, Eier, 1 Esslöffel Zucker und Vanillemark in eine Schüssel geben. Milchmischung mit Hefe zugeben. Mit den Knethaken des Handrührgeräts zu einem glatten Teig kneten.
- Teig zugedeckt an einem warmen Ort ca. 1 Stunde gehen lassen.
- Rosinen abspülen und trocken tupfen. Zitronat, Orangeat, Rosinen und Zitronenschale unter den Teig kneten. Panettoneform (18 cm ⌀; ca. 1,5 Liter Inhalt) oder Springform mit Rohrbodeneinsatz (24 cm ⌀) fetten. Teig in die Form füllen. Zugedeckt ca. 15 Minuten gehen lassen.
- 1 Esslöffel Butter in Flöckchen und 1 Esslöffel Zucker auf dem Teig verteilen. Im vorgeheizten Backofen (E-Herd: 200 °C/Umluft: 175 °C) 45 – 50 Minuten goldbraun backen. Nach ca. 30 Minuten Backzeit eventuell abdecken.
- Auf einem Kuchengitter in der Form ca. 2 Stunden auskühlen lassen.

Pro Stück:

283 kcal / 8,2 g Fett / 45 g KH / 26,1 % kcal aus Fett

Cantuccini

LowFett 30-Rezept für das beliebte italienische Mandelgebäck.

▶ **Für ca. 72 Stück**

⏱ **40 Min., Kühl- und Abkühlzeit: 60 Min.**

150 g Mehl (Typ 405) · 100 g Vollkornmehl · 1 TL Backpulver · 180 g Zucker · 2 Pck. Vanillezucker · Salz · 25 g weiche Halbfettmargarine · 2 Eier · ½ Fläschchen Bittermandelaroma · 100 g ungeschälte Mandeln · etwa 2 EL Mehl zum Bearbeiten

- Das Mehl, das Backpulver, den Zucker, den Vanillezucker und das Salz mischen, mit der Margarine, den Eiern und dem Bittermandelaroma verkneten. Die Mandeln zum Schluss unterarbeiten. Den Teig in Frischhaltefolie einschlagen und 30 Minuten kalt stellen.
- Den Teig in 6 gleiche Stücke teilen. Jedes Stück auf einer bemehlten Arbeitsfläche zu einer ca. 25 cm langen Rolle formen.
- Auf ein mit Backpapier ausgelegtes Backblech legen und im auf 200 °C vorgeheizten Backofen 15 Minuten vorbacken. Die Rollen auskühlen lassen und schräg in etwa 2 cm dicke Stücke schneiden.
- Die Cantuccini wieder auf das Backblech legen, mit Alufolie abdecken und noch 15 Minuten backen.

Pro Stück

34 kcal / 1,1 g Fett / 5,2 g KH / 29,1 % kcal aus Fett

Ricotta-Kuppeltorte

Erinnert an Cassata,
aber kalorienarm.

▶ **Für 12 Stück**
🕙 **35 Min., Marinierzeit: 1 Std.,
Kühlzeit: mind. 4 Std.**
2 Lagen Wiener Boden (fertiger
Biskuitteig 28 cm) · 150 g kandierte
Früchte · 3 EL Amaretto · 500 g Galbani Ricotta · 500 g Magerquark ·
1 Pck. Gelatine fix · 6 EL Zucker ·
4 EL Orangenmarmelade

- Die kandierten Früchte fein hacken,
  mit dem Amaretto begießen und
  ca. 1 Std. ziehen lassen.
- Ricotta, Quark, Gelatine und Zucker
  gut verrühren. Die Fruchtstückchen
  unter die Masse ziehen.
- Einen Boden mit der Orangenmarmelade dünn bestreichen und eine
  gewölbte Schüssel (Ø 28 cm) damit
  auslegen, zwei Drittel der Ricottacreme daraufgeben und glatt
  streichen. Mit dem zweiten Boden
  abdecken, mindestens 4 Stunden
  kühlen und dann auf eine Torten-
  platte stürzen.
- Die Biskuit-Kuppel mit der restlichen Ricottacreme bestreichen.

Pro Stück:
241 kcal/ 8,0 g Fett/ 29,2 g KH/
29,9 % kcal aus Fett

Himbeerknuspertraum

Fruchtig, knusprig, lecker –
und dennoch kaum Kalorien.

▶ **Für 4 Personen**
🕙 **8 Min., Kühlzeit: 1 Std.**
200 g Himbeeren · 400 g Soja-Joghurt
»natur« · 2 Pck. Bourbon-Vanillezucker · 20 Amarettini

- Himbeeren waschen, vorsichtig
  abtrocknen und auf 4 Gläschen
  verteilen.
- Soja-Joghurt mit Bourbon-Vanillezucker gut verrühren, über die
  Himbeeren geben und für eine
  Stunde in den Kühlschrank stellen.
- Kurz vor dem Servieren die Amarettini in eine Plastiktüte geben und
  mit einem Nudelholz zerbröseln.
  Die Brösel auf die 4 Gläser verteilen
  und sofort servieren.

Tipp
**Wer kein Nudelholz besitzt, kann
auch eine Glasflasche nehmen.**

Pro Portion:
92 kcal/ 1,3 g Fett/ 14,3 g KH/
12,7 % kcal aus Fett

Weintrauben-Aspik mit Mandelmilch

Durch die Gewürze bekommt das
Rezept eine weihnachtliche Note.

▶ **Für 4 Portionen**
🕙 **20 Min., Kühlzeit: 4 Std.**
400 g kleine kernlose grüne und
blaue Trauben · 1 Pck. Sofortgelatine
300 ml heller Traubensaft · ½ TL Zimt
3 Gewürznelken · 1 Sternanis ·
100 g geschälte Mandeln · 2 TL
Puderzucker · 300 ml Milch (1,5 % F.)

- Die Weintrauben waschen, die
  Stiele entfernen und auf 4 Gläser
  verteilen.
- Traubensaft mit Zimt, Gewürznelken und Sternanis in einem kleinen Topf aufkochen und abkühlen
  lassen.
- Den Saft durch ein Sieb abgießen,
  die Sofortgelatine unterrühren und
  dann die Flüssigkeit auf den Trauben verteilen. Mindestens 4 Stunden im Kühlschrank gelieren lassen.
- Die Mandeln mit dem Puderzucker
  in einer Pfanne rösten, die Milch
  darübergießen, einmal aufkochen
  und dann mindestens ½ Stunde
  abkühlen und ziehen lassen.
- Die Mandelmilch vor dem Servieren
  durch ein feines Sieb in ein hohes
  Gefäß gießen, mit dem Milchauf-
  schäumer aufschäumen und ess-
  löffelweise auf das Traubengelee
  geben.

Pro Portion:
181 kcal/ 1,7 g Fett/ 34,1 g KH/
8,5 % kcal aus Fett

Fruchtiges Risotto mit Himbeersauce

Dieser Risotto ist eine süße Hauptmahlzeit oder auch ein Dessert für 8 Portionen.

▶ **Für 4 Personen**
⏱ **45 Min.**

300 g Aprikosen
1 EL Zitronensaft
400 ml Milch (1,5 % Fett)
½ Vanilleschote
1 EL Butter
150 g Milchreis
1 Prise Salz
2 EL Zucker
3 EL trockener Marsala
150 g Tiefkühl-Himbeeren
1 TL Puderzucker
20 g weiße Schokolade
20 g grob gehackte Pistazien
2 Zweige Minze

- Die Aprikosen waschen, halbieren und entsteinen. Die Hälften in Stücke schneiden und mit dem Zitronensaft vermischen.
- Die Milch bis kurz vor den Siedepunkt erhitzen.
- Das Mark der Vanilleschote herauskratzen.
- Die Butter in einem Topf erhitzen und die Aprikosenstücke darin kurz andünsten. Vanillemark und -schote, Milchreis, Salz und Zucker unterrühren und kurz andünsten. Alles mit dem Marsala ablöschen und ein Viertel der heißen Milch darunterrühren.
- Den Reis unter Rühren bei geringer Hitze garen, bis er alle Flüssigkeit aufgenommen hat. Dann nach und nach die übrige heiße Milch dazu geben und alles so lange garen, bis der Reis weich ist, aber noch Biss hat. Der Risotto sollte noch schön saftig sein.
- Für die Sauce die tiefgekühlten Himbeeren grob zerkleinern und den Puderzucker unterrühren. Die Schokolade fein hacken und zusammen mit den Pistazien unter die Himbeeren mischen.
- Die Minze abbrausen, trocken schütteln, die Blätter von einem Zweig abzupfen, in Streifen schneiden und unter die Sauce mischen. Den Risotto auf Dessertteller geben, mit der Himbeersauce und der übrigen Minze garnieren.

Tipp

Natürlich können Sie die Sauce für dieses Rezept mit fast allen Beerenfrüchten zubereiten.

Pro Portion:
340 kcal / 9 g Fett / 53,8 g KH / 23,8 % kcal aus Fett

Tiramisu und Panna Cotta: Originale und LowFett 30

Wer Tiramisu liebt, für den haben wir hier ein echtes Original-Rezept. Erprobt und wirklich das beste Rezept, das wir kennen. Allerdings muss man sich auch gleich die Äugelein wischen, denn eine Portion bringt es immerhin auf stattliche 468 kcal. Ganz schön viel für einen »kleinen süßen Abschluss nach dem Essen«.

Unser Melonen-Tiramisu schlägt dagegen nur mit einem Drittel der Kalorien zu Buche – die Menge ist jedoch die gleiche. Glauben Sie nicht? Wir erklären Ihnen die Unterschiede:

- Mascarpone ist eigentlich reines Fett. Also ein Milchprodukt, dessen Kalorien zu etwa 94 % aus Fett kommen. 100 g haben 387 kcal.
- Unsere Alternative, der Magerquark, bringt es gerade mal auf 73 kcal pro 100 g. Also ein Fünftel. Und der Ricotta kommt mit 14 g Fett pro 100 g aus, bei ca. 150 kcal pro 100 g. Auch das ist weniger als die Hälfte der Werte von Mascarpone.
- Die geringere Menge an Alkohol wirkt sich beim Melonen-Tiramisu ebenfalls positiv auf das Kalorienkonto aus: 95 kcal sind es etwa bei 4 EL Orangenlikör, 200 ml Amaretto aber bringen 620 kcal in die Bilanz ein.
- Die restlichen Zutaten sind für die gravierenden Unterschiede bei den Nährwerten nicht verantwortlich. Man sieht an diesem Beispiel gut, wie positiv sich die clevere Auswahl alternativer Produkte auf die Nährwerte auswirkt.

Aber ... das Original-Tiramisu schmeckt doch viel leckerer! Schon probiert? Das Melonen-Tiramisu schmeckt köstlich. Anders als das »echte Tiramisu«, aber köstlich. Und mit diesem Ergebnis hat man zwei Optionen:
1. Man isst das echte und macht dafür einfach entsprechend mehr Sport.
2. Man denkt sich: Öfter mal was Neues und genießt seine Portion Melonen-Tiramisu bei bestem Gewissen.

Im Gegensatz zu Tiramisu ist der Unterschied bei der Buttermilch-Panna-Cotta nicht so groß. In beiden Fällen wird eine »Milch-Flüssigkeit« mit Vanille aromatisiert und anschließend mit Gelatine gebunden.

Auch in diesem Beispiel rühren die Unterschiede in den Brennwerten vom Fettgehalt des Milchprodukts her. Sahne mit über 30 % Fett schlägt mit 310 kcal pro 100 ml zu Buche, Buttermilch ist dagegen nahezu fettfrei, was man an den 35 kcal pro 100 ml merkt. Sie sehen, es macht schon bei so kleinen Mengen einen gewaltigen Unterschied, wenn man auf einen geringen Fettgehalt achtet.

Tiramisu
Definitiv nicht LowFett 30: das italienische Original.

▶ **Für 8 Personen**
⏱ 30 Min., Kühlzeit: 5 Std.
3 EL Zucker · 200 ml Amaretto · 500 g Mascarpone · 3 Eiweiß · 24–28 Löffelbiskuits · 400 ml starker Kaffee · Kakaopulver

- Zucker in 100 ml Amaretto auflösen, dann Mascarpone unterrühren. Das Eiweiß steif schlagen und zügig unter die Creme rühren.
- Den Boden einer Form (18 × 20 cm) etwa 1 cm dick mit der Creme bestreichen.
- Den restlichen Amaretto mit dem Kaffee verrühren. Biskuits nach und nach in den Kaffee tauchen und mit der gezuckerten Seite nach oben in die Form legen.
- Creme darüber streichen und die nächste Reihe ebenso einschichten. Die restliche Creme abschließend auf der zweiten Lage verteilen.
- Mindestens 5 Stunden in den Kühlschrank stellen.
- Zum Servieren mit einem Esslöffel Nocken abstechen und auf Tellern verteilen. Die Nocken mit Kakaopulver bestäuben.

Pro Portion:
468 kcal/ 27,6 g Fett/ 34,7 g KH/ 51,2 % kcal aus Fett

Melonen-Tiramisu

Gut gekühlt ein fruchtig-
erfrischender Genuss.

▶ **Für 8 Personen**
🕐 30 Min., Kühlzeit: 2 Std.
400 g Melonenfruchtfleisch (Honig-
melone) · 1 Bio-Zitrone · 250 g Galbani Ricotta · 250 g Magerquark ·
50 ml Milch (1,5 % F.) · 1 Pck. Vanillezucker · 4 EL Orangenlikör · 50 ml
Orangensaft · 8 Kokoszwiebäcke

- Das Melonenfruchtfleisch in dünne
  Scheiben schneiden.
- Die Zitrone heiß abwaschen, Schale
  abreiben und den Saft auspressen.
- Ricotta, Magerquark, Milch, Vanillezucker, Zitronensaft und -schale verrühren.
- Die Zwiebäcke in Stücke schneiden.
  Orangensaft und Likör mischen
  und die Zwiebackstücke damit
  beträufeln.
- Zwieback, Melonenstücke und
  Ricottacreme abwechselnd in
  4 Gläser schichten, mindestens
  2 Stunden kühlen und mit Minze
  garniert servieren.

Pro Portion:
173 kcal/ 3,2 g Fett/ 22,8 g KH/
16,6 % kcal aus Fett

Panna Cotta

Auch dieser Original-Sahnepudding
ist natürlich nicht LowFett 30!

▶ **Für 8 Personen**
🕐 20 Min., Kühlzeit: 4 – 5 Std.
500 ml Sahne (wichtig: mind. 32 % F.)
4 EL Zucker · 2 Vanilleschoten ·
3 Blatt weiße Gelatine · 16 EL Himbeersauce

- Sahne mit Zucker, ausgekratztem
  Vanillemark und Schote zum Kochen
  bringen. Topf von der Flamme nehmen, Vanilleschote herausnehmen
  und die gut eingeweichte Gelatine
  nur leicht ausdrückt dazugeben und
  rühren, bis sich die Gelatine aufge-
  löst hat.
- Förmchen oder Mokkatassen kalt
  ausspülen und mit der Sahne-
  mischung füllen; ca. 4 – 5 Stunden
  kalt stellen.
- Dann auf einen Teller stürzen.

Tipp

Servieren Sie dazu im Winter
eine mit Zimt verfeinerte Kara-
mellsoße.

Pro Portion:
531 kcal/ 47,7 g Fett/ 19,3 g KH/
80,9 % kcal aus Fett

Buttermilch-Panna-Cotta

Der Pudding ist auch in dieser fettarmen Variante eine Köstlichkeit.

▶ **Für 8 Personen**
🕐 25 Min., Kühlzeit: mind. 4 Std.
200 ml Milch · 500 ml Buttermilch ·
1 EL Zucker · 5 Blatt Gelatine ·
1 Vanilleschote · 150 g helle
kernlose Trauben · 60 ml Vin Santo
(toskanischer Dessertwein, ersatzweise anderer Süßwein)

- Die Gelatine in kaltem Wasser
  10 Min. einweichen.
- Die Vanilleschote längs aufschlitzen,
  das Mark herauskratzen.
- Die Milch mit der Vanilleschote kurz
  aufkochen. Die Gelatine gut ausdrücken und in der Milch auflösen.
  5 Min. ziehen lassen. Die Buttermilch
  unterrühren und die Mischung auf
  6 Auflaufförmchen/Gläser verteilen
  und mindestens 4 Stunden kalt
  stellen.
- Trauben waschen, halbieren und falls
  notwendig entkernen und mit dem
  Vin Santo marinieren.
- Die Buttermilch-Panna-Cotta auf
  einen Teller stürzen und mit den
  Trauben anrichten.

Pro Portion:
91 kcal/ 0,9 g Fett/ 9,6 g KH/
8,9 % kcal aus Fett

Erdbeereis mit Honigfrüchten

Ein Gelato mit Suchtgefahr –
so köstlich und süß.

▶ **Für 4 Personen**
⊙ **10 Min., Marinierzeit. 1 Std.,
Gefrierzeit: 6 Std.**

500 g Erdbeeren · 4 EL Cassis (schwarzer Johannisbeerlikör) · 300 g Joghurt (1,5 % F.) · 75 g Zucker · 1 Pck. Vanillezucker · 2 EL Honig · 1 EL gehackte Pistazienkerne

– Erdbeeren putzen.
– 200 g Erdbeeren mit Likör pürieren, Joghurt, Zucker und Vanillezucker zufügen und cremig rühren.
– Die Masse in eine Sturzform füllen. Mindestens 6 Stunden in ein Gefrierfach stellen, ab und zu umrühren.
– Restliche Erdbeeren halbieren, mit Honig vermischen und 1 Stunde marinieren lassen.
– Eis aus der Form stürzen, in Scheiben schneiden. Mit Honig-Erdbeeren und Pistazien bestreut servieren.

Pro Portion
223 kcal/ 3,0 g Fett/ 38 g KH/
12,1 % kcal aus Fett

Melonengranita

Mit »geeistem« Rand ein echter Hingucker.

► **Für 4 Personen**
⊙ **30 Min., Kühlzeit: 3 Std.**
1 Netzmelone (sehr reif) · 80 g Zucker
1 Spritzer Zitronensaft

- Netzmelone in zwei Hälften schneiden, entkernen und das Fruchtfleisch mit einem Löffel herausholen.
- Das Fruchtfleisch pürieren, den Zucker und den Zitronensaft zugeben und in das Gefrierfach stellen.
- Alle 30 Minuten durchrühren.
- Nach der Kühlzeit Eiskristalle gegebenenfalls mit dem Pürierstab verrühren und die Granita in formschönen Gläsern servieren.
- Beim Einfüllen darauf achten, dass der Zuckerrand nicht zerstört wird.

Tipp

Mit Zucker »geeister« Rand. Dazu den Glasrand in Zitronensaft stippen und dann in einen mit Zucker gefüllten Teller.

Pro Portion:
177 kcal/ 0,2 g Fett/ 42 g KH/
1,0 % kcal aus Fett

Erdbeergranita

Auch pürierte Erdbeeren ergeben ein wunderbares Fruchteis.

► **Für 4 Personen**
⊙ **30 Min., Kühlzeit: 3 Std.**
250 g Erdbeeren · 40 g Zucker ·
1 Spritzer Zitronensaft · Minzeblättchen zur Dekoration

- Die Erdbeeren putzen, waschen und pürieren.
- Das Erbeerpüree mit dem Zucker verrühren und dann durch ein feines Sieb streichen, damit die Kerne entfernt werden.
- Das Püree in eine bauchige Schüssel geben und ca. 3 Stunden in das Tiefkühlgerät stellen.
- Alle 30 Minuten kräftig durchrühren, damit sich nicht so große Kristalle bilden. Wer es ganz fein mag, nimmt den Pürierstab zu Hilfe.
- In mittelgroße Gläser füllen und mit Minze dekorieren.

Pro Portion:
61 kcal/ 0,3 g Fett/ 13,4 g KH/
4,4 % kcal aus Fett

Himbeersorbet

Mit Himbeeren – der zartesten Beerenfrucht – ein sehr feines Sorbet.

► **Für 4 Personen**
⊙ **1½–2½ Std., Gefrierzeit:**
15–20 Min. in der Eismaschine
500 g Himbeeren · 125 ml Apfelsaft ·
50 g Puderzucker (oder ersatzweise flüssiger Süßstoff) · 1 EL Zitronensaft
1 TL Bourbon-Vanillezucker · evtl.
1 Schnapsglas (20 ml) Cointreau

- Die Himbeeren putzen, nicht waschen und zusammen mit dem Apfelsaft, dem Puderzucker, dem Zitronensaft und dem Vanillezucker pürieren.
- Mindestens 1 Stunde vor dem Servieren Eisschalen vorkühlen.
- Zum Zubereiten in der Eismaschine das Fruchtpüree (ohne Alkohol) zugedeckt in 1–2 Stunden im Kühlschrank gut abkühlen lassen.
- Die Eismasse in den laufenden Behälter der Eismaschine gießen und in 15–30 Minuten gefrieren lassen. Dann evtl. sofort und schnell den Cointreau unter das Sorbet rühren. Das Eis sofort in einen Spritzbeutel mit Sterntülle füllen, in die vorgekühlten Eisbecher spritzen und gleich servieren.

Pro Portion:
124 kcal/ 0,5 g Fett/ 24,2 g KH/
3,6 % kcal aus Fett

Quark-Aprikosen-Eis

Durch den Quark leicht säuerlich und besonders erfrischend.

▶ Für 6 Personen

🕐 15 Min., Kühlzeit: 20 Min.

400 g reife Aprikosen · 3 EL Zitronensaft · 100 g Puderzucker 2 EL Blütenhonig · 100 g Magerquark (0,2 %) · 100 ml süße Sahne · 1 Eiweiß · etwas Salz · etwas abgeriebene Zitronenschale

- Die Aprikosen waschen, halbieren, entsteinen und sechs Hälften beiseitelegen. Die restlichen Aprikosenhälften in Stücke schneiden und zusammen mit dem Zitronensaft, dem Puderzucker und dem Honig pürieren.
- Den Quark, die Sahne, das Eiweiß und eine Prise Salz in einer Rührschüssel mit dem Schneebesen kräftig verrühren.
- Das Fruchtpüree auf die Quarkmasse geben, alles gut vermischen und mit etwas Zitronenschale abschmecken.
- Diese Eisgrundmasse in die laufende Eismaschine einfüllen und in etwa 20 Minuten gefrieren lassen.
- Zusammen mit der Aprikosenhälfte nett auf einem Teller anrichten und servieren.

Tipp

Noch zarter schmeckt das Eis, wenn Sie die Aprikosen vor der Verarbeitung überbrühen und häuten.

Pro Portion:

176 kcal/ 0,7 g Fett/ 27 g KH/ 3,6 % kcal aus Fett

Zitroneneis

Ein erfrischendes Eisvergnügen für heiße Sommertage.

▶ Für 4 Personen

🕐 20 Min., Kühlzeit: 60 Min., Gefrierzeit: 35 Min.

4 Zitronen · 450 g Joghurt (3,5 % F.) · 150 g Puderzucker · 4 frische Eiweiße · 1 Prise Salz · 4 Zitronenspalten und etwas Zitronenmelisse zum Garnieren

- Die Zitronen halbieren, auspressen und 200 ml Saft abmessen.
- Joghurt, Zitronensaft und 100 g Puderzucker in einer Schüssel cremig rühren. Die Masse etwa 1 Stunde kühlen.
- Die Eiweiße mit dem restlichen Puderzucker und der Prise Salz steif schlagen. Den Eischnee unter die gekühlte Joghurtmasse ziehen, bis alles gleichmäßig untergemischt ist.
- Die Masse in die laufende Eismaschine füllen und etwa 35 Minuten gefrieren lassen. Das Zitroneneis zu Kugeln portionieren und in Schälchen geben. Mit je einer Zitronenspalte und etwas Zitronenmelisse garnieren.

Pro Portion:

266 kcal/ 4,5 g Fett/ 45 g KH/ 15,2 % kcal aus Fett

Joghurteis mit Rhabarberkompott

Das mit Limoncello verfeinerte Eis harmoniert gut mit Rhabarber.

▶ **Für 4 Personen**

⏱ **50 Min., 1 Std. Nachfrierzeit**

500 g Natur-Joghurt (1,5 % Fett) · 5 EL Limoncello · 1 Prise Zitronengras, gemahlen · 2 Stangen Rhabarber · 1 EL Vanillezucker

- Für das Eis Joghurt, Likör und Zitronengraspulver miteinander vermischen und ca. 45 Minuten in der Eismaschine gefrieren lassen. Nach Belieben in Formen mindestens eine Stunde nachfrosten.
- Für das Kompott den Rhabarber schälen und klein schneiden. Mit dem Vanillezucker mischen und in etwas Wasser weich dünsten.

Tipp

Wer es nicht so säuerlich mag, nimmt statt Rhabarberkompott Erdbeermousse.

Pro Portion:
120 kcal/ 2,0 g Fett/ 12,8 g KH/ 15,0 % kcal aus Fett

Lebensmittelliste

In der folgenden Lebensmittelliste finden Sie die Nährwerte vieler im Buch verwendeter Rezeptzutaten. Vielleicht haben Sie Lust, selbst leckere italienische LowFett 30-Gericht zu kreieren oder wollen ein Rezept variieren. Hier finden Sie die nötigen Angaben dazu.

Produkt	Menge	kcal	Fett (g)	KH (g)	kcal aus Fett in %
Getreideprodukte					
Mais, Grieß	100 g	326	3,8	64	10,5
Mehl					
Mais, Mehl	100 g	329	3,8	64,2	10,4
Paniermehl	100 g	358	2,1	73,5	5,3
Roggenmehl, Type 1150	100 g	323	1,3	67,8	3,6
Weizenmehl, Type 1050	100 g	337	1,8	67,2	4,8
Weizenmehl, Type 405	100 g	343	1	72,3	2,6
Brot, Knäcke, Zwieback					
Brötchen, hell	100 g	284	1,8	55,9	5,7
Ciabattabrot	100 g	242	2,1	45,1	7,8
Grissini	100 g	410	9,2	69,9	20,2
Tramezzinibrot	100 g	256	3,2	48	11,3
Weizenvollkornbrot	100 g	203	0,9	40,7	4,0
Backzutaten, fertige Teige					
Backpulver	100 g	175	0,1	37,8	0,5
brauner Zucker	100 g	396	0	97,4	0,0
Hefe	100 g	288	1,5	32	4,7
Orangeat	100 g	309	0,3	74,3	0,9
Puderzucker	100 g	405	0	99,8	0,0

Produkt	Menge	kcal	Fett (g)	KH (g)	kcal aus Fett in %
Backzutaten					
Tante Fanny Pizzateig (fertig)	100 g	247	4	44	14,6
Trockenbackhefe	100 g	288	1,5	32	4,7
Vanillezucker	100 g	405	0	99,8	0,0
Zitronat	100 g	292	0,4	70	1,2
Nudeln, Reis					
Naturreis, roh	100 g	352	2,2	74,1	5,6
Nudeln (eifrei), roh	100 g	348	1,2	71	3,1
Nudeln (eifrei), gekocht	100 g	139	0,5	28,2	3,2
Reis parboiled, roh	100 g	351	0,5	78,9	1,3
Risottoreis, roh	100 g	351	0,6	77,7	1,5
Vollkornnudeln, gekocht	100 g	143	1,1	26,9	6,9
Gemüse					
Aubergine, roh	100 g	17	0,2	2,5	10,6
Bohnen, grün, roh	100 g	33	0,2	5,1	5,5
Brokkoli, roh	100 g	28	0,2	2,7	6,4
Erbsen, grün, roh	100 g	82	0,5	12,3	5,5
Frühlingszwiebeln, roh	100 g	42	0,3	8,5	6,4
Gurken, roh	100 g	12	0,2	1,8	15,0
Kartoffeln, geschält, roh	100 g	73	0	15,6	0,0
Knoblauch, roh	100 g	142	0,1	28,4	0,6
Möhren, roh	100 g	33	0,2	6,8	5,5
Oliven, grün, roh	100 g	130	12,7	3	87,9
Oliven, schwarz, roh	100 g	345	35,8	4,9	93,4
Paprika, roh	100 g	19	0,2	2,9	9,5
Rucola	100 g	15	0,4	0,8	24,0
Radicchio	100 g	14	0,2	1,5	12,9
Sellerie, roh	100 g	19	0,3	2,3	14,2
Spinat, roh	100 g	19	0,3	0,6	14,2

Produkt	Menge	kcal	Fett (g)	KH (g)	kcal aus Fett in %
Tomaten, roh	100 g	17	0,2	2,6	10,6
Wirsing, roh	100 g	27	0,3	3	10,0
Zucchini, roh	100 g	21	0,3	2,3	12,9
Zuckererbsenschoten, roh	100 g	60	0,2	10	3,0
Zwiebel, roh	100 g	28	0,3	5	9,6
Dosengemüse/Glas					
getrocknete Tomaten in Öl, abgetropft	100 g	141	6	15,9	38,3
Tomatenmark	100 g	38	0,5	5,6	11,8
Weiße Bohnen	100 g	241	1,6	34,7	6,0
Pilze					
Champignons, frisch	100 g	31	0,8	0,1	23,2
Steinpilze, frisch	100 g	27	0,4	0,5	13,3
Obst					
Apfelsine/Orange, roh	100 g	43	0,2	8,3	4,2
Aprikose, roh	100 g	43	0,1	8,5	2,1
Erdbeeren, roh	100 g	32	0,4	5,5	11,3
Weintrauben, roh	100 g	70	0,3	15,2	3,9
Heidelbeeren, roh	100 g	37	0,6	6,1	14,6
Himbeeren roh	100 g	34	0,3	4,8	7,9
Honig-/Zuckermelone, roh	100 g	55	0,1	12,4	1,6
Wassermelone, roh	100 g	38	0,2	8,3	4,7
Trockenobst					
Korinthen, getrocknet	100 g	244	0,6	49,8	2,2
Fleisch					
Kalb					
Kalbsschnitzel	100 g	91	1	0	9,9
Rind					
Rindfleisch, mager (Lende/Filet)	100 g	121	4	0	29,8
Tatar	100 g	116	3	0	23,3

Produkt	Menge	kcal	Fett (g)	KH (g)	kcal aus Fett in %
Schwein					
Schweinefilet	100 g	107	2	0	16,8
Geflügel					
Hühnerbrust ohne Haut	100 g	102	0,7	0	6,2
Truthahnbrust ohne Haut	100 g	107	1	0	8,4
Wurstwaren					
Lachsschinken	100 g	116	3,5	0,9	27,2
Fisch					
Meeresfisch					
Dorade (Goldbrasse)	100 g	108	2,8	0	23,3
Kabeljau	100 g	78	0,7	0	8,1
Sardine, ausgenommen und entgrätet	100 g	119	4,5	0	34,0
Scholle	100 g	86	1,9	0	19,9
Seelachs	100 g	100	2,4	0	21,6
Süßwasserfische					
Forelle	100 g	103	2,7	0	23,6
Zander	100 g	84	0,7	0	7,5
sonstige Meerestiere					
Garnelen	100 g	92	1,4	0,9	13,7
Fischprodukte					
Konserven					
Thunfisch in Wasser	100 g	100	0,4	0	3,6
Milchprodukte					
Milch					
Buttermilch	100 g	37	0,5	4	12,2
H-Milch, 1,5 %	100 g	48	1,6	4,8	30,0
Kondensmilch, 4 %	100 g	297	4,1	56,8	12,4
Joghurt/Joghurtdrink					
Joghurt, 1,5 %	100 g	49	1,6	4,5	29,4

Produkt	Menge	kcal	Fett (g)	KH (g)	kcal aus Fett in %
Käse					
Mascarpone	100 g	387	40,3	3	93,7
Mozzarella	100 g	263	21	1,8	71,9
Mozzarella (fettreduziert)	100 g	104	4,3	3,3	37,2
Ricotta (Halbfettstufe)	100 g	110	5	3,6	40,9
Parmesan	100 g	396	30,6	0	69,5
Quark					
Speisequark, mager	100 g	73	0,3	3,2	3,7
Getränke aus Milch					
Molke, süß	100 g	25	0,2	4,7	7,2
Eier					
Hühnerei (Größe M)	pro Stück	88	6	0,7	61,4
Würzzutaten					
Kapern, Konserve/Glas abgetropft	100 g	23	0,4	2,7	15,7
Meerrettich, Glas	100 g	54	0,3	9,3	5,0
Sardellen (Anchovis)	100 g	102	2,3	0	20,3
Senf, mittelscharf	100 g	87	4	6	41,4
Getränke					
Obstsäfte					
Apfelsaft	100 g	57	0	13,4	0,0
Apfelsinen-/Orangensaft, Konzentrat	100 g	43	0,1	8,7	2,1
Grapefruit, Saft	100 g	54	0,1	10	1,7
Traubensaft, rot	100 g	74	0,2	17	2,4
Alkoholische Getränke					
Rosé	100 ml	88	0	2,4	0,0
Rotwein	100 ml	68	0	2,4	0,0
Weißweinschorle	100 ml	37	0	1,3	0,0
Weißwein	100 ml	73	0	2,6	0,0

Produkt	Menge	kcal	Fett (g)	KH (g)	kcal aus Fett in %
Fette und Speiseöle					
Olivenöl	100 ml	884	98	0,2	99,8
Fertige Produkte					
Süßigkeiten					
Super Dickmann's (groß)	100 g	106	3	18,8	25,5
Süßes Gebäck, Kekse					
Amarettini	100 g	424	6,4	83,7	13,6
Cantuccini (von Leverno)	100 g	428	14	63	29,4
Il Panettone (von Motta)	100 g	183	15,5	51,4	76,2
Löffelbiskuit	100 g	410	7	73,9	15,4
Bonbons					
Gummibärchen	100 g	338	0,1	77	0,3
Lakritz	100 g	313	0,6	74	1,7
Eis					
Schokoladeneis	100 g	179	8,8	20,5	44,2
Softeis Vanille	100 g	129	2,2	24,8	15,3
Zitronensorbet	100 g	137	0,1	31,1	0,7
Brotaufstriche					
Gelee, rote Johannisbeere	100 g	252	0,2	60,6	0,7
Konfitüre, Erdbeere	100 g	258	0,2	62,6	0,7
Pflaumenmus	100 g	195	0,2	48	0,9
Honig	100 g	306	0	75,1	0,0

Rezept- und Zutatenverzeichnis

Stichwortverzeichnis

Bibliografische Information der Deutschen Nationalbibliothek
Die Deutsche Nationalbibliothek verzeichnet diese Publikation in der Deutschen Nationalbibliografie; detaillierte bibliografische Daten sind im Internet über http://dnb.d-nb.de abrufbar.

Programmplanung: Uta Spieldiener
Redaktion: Anne Bleick
Bildredaktion: Anne Bleick, Christoph Frick

Umschlaggestaltung und Innenlayout:
Cyclus · Visuelle Kommunikation, Stuttgart

Bildnachweis:
Umschlagfoto vorn: Stockfood
Umschlagfotos hinten: Chris Meier, Stuttgart
Fotos im Innenteil:
Image Source/F1-online: S. 4/5, 6, 8, 11, 13, 15, 16, 17, 19, 20, 22, 23; Chris Meier, Stuttgart: S. 24/25, 29, 32, 35, 38, 42/43, 47, 50, 55, 60, 63, 66, 70, 73, 76, 79, 82/83, 87, 90, 93; Stockfood: S. 3

Zeichnungen: Ziegler und Müller, Kirchentellinsfurt

© 2013 TRIAS Verlag in MVS Medizinverlage
Stuttgart GmbH & Co. KG
Oswald-Hesse-Straße 50, 70469 Stuttgart

Printed in Germany

Repro: Ziegler und Müller, Kirchentellinsfurt
Satz und E-Book-Produktion: Ziegler und Müller, Kirchentellinsfurt
gesetzt in: APP/3B2, Version 9.1 Unicode
Druck: AZ Druck und Datentechnik GmbH, Kempten

Gedruckt auf chlorfrei gebleichtem Papier

ISBN 978-3-8304-6683-3   1 2 3 4 5 6
Auch erhältlich als E-Book:
eISBN (PDF) 978-3-8304-6684-0
eISBN (ePUB) 978-3-8304-6685-7

Wichtiger Hinweis: Wie jede Wissenschaft ist die Medizin ständigen Entwicklungen unterworfen. Forschung und klinische Erfahrung erweitern unsere Erkenntnisse, insbesondere was Behandlung und medikamentöse Therapie anbelangt. Soweit in diesem Werk eine Dosierung oder eine Applikation erwähnt wird oder Ratschläge und Empfehlungen gegeben werden, darf der Leser zwar darauf vertrauen, dass Autoren, Herausgeber und Verlag große Sorgfalt darauf verwandt haben, dass diese Angaben dem Wissensstand bei Fertigstellung des Werkes entsprechen, jedoch kann eine Garantie nicht übernommen werden. Eine Haftung des Autors, des Verlages oder seiner Beauftragten für Personen-, Sach- oder Vermögensschäden ist ausgeschlossen.

Geschützte Warennamen (Warenzeichen) werden **nicht** besonders kenntlich gemacht. Aus dem Fehlen eines solchen Hinweises kann also nicht geschlossen werden, dass es sich um einen freien Warennamen handelt.

Besuchen Sie uns auf facebook!
www.facebook.com/gesundeernaehrungtrias

SERVICE

Liebe Leserin, lieber Leser,

hat Ihnen dieses Buch weitergeholfen? Für Anregungen, Kritik, aber auch für Lob sind wir offen.
So können wir in Zukunft noch besser auf Ihre Wünsche eingehen. Schreiben Sie uns, denn Ihre Meinung zählt!

Ihr TRIAS Verlag
E-Mail Leserservice: heike.schmid@medizinverlage.de
Lektorat TRIAS Verlag, Postfach 30 05 04, 70445 Stuttgart, Fax: 0711 89 31-748